AF340839

ROMANS ET CONTES

DE

VOLTAIRE

PUBLIÉS AVEC UNE INTRODUCTION
ET DES NOTICES
PAR
JACQUES BAINVILLE

TOME DEUXIÈME

PARIS
A LA CITÉ DES LIVRES
27, RUE SAINT-SULPICE, 27
MDCCCCXXVI

ROMANS ET CONTES

DE

VOLTAIRE

ROMANS ET CONTES

DE

VOLTAIRE

PUBLIÉS AVEC UNE INTRODUCTION
ET DES NOTICES

PAR

JACQUES BAINVILLE

TOME DEUXIÈME

PARIS

A LA CITÉ DES LIVRES

27, RUE SAINT-SULPICE, 27

MDCCCCXXVI

NOTICE

CONTES DE CE VOLUME

CANDIDE a prêté à d'étranges fables, tant le chef-d'œuvre de Voltaire déconcerte. Voilà un livre unique. Il froisse ou il séduit, parce qu'il oblige l'homme à penser à son problème terrestre : « Suis-je heureux ? Puis-je l'être ? Et comment prendre la vie ? » Voltaire, ici, trouble toutes les idées. Si la terre est une vallée de larmes, est-il donc chrétien ? Mais il ne l'est pas. Il ne croit pas que ce monde soit bon et il ne croit pas en un monde meilleur. Alors c'est le pessimisme absolu. Jadis, pourtant, impatienté par Pascal (car il contredisait toujours quelqu'un, et le jansénisme aussi l'impatientait) il avait écrit : « J'ose prendre le parti de l'humanité contre ce misanthrope sublime ; j'ose assurer que nous ne sommes ni si méchants, ni si malheureux qu'il le dit. » *Les Premières Remarques sur les Pensées de M. Pascal* sont de 1728. Trente ans plus tard, Voltaire a donc changé à ce point ?

On a vu là une telle énigme qu'on s'est mis à bâtir toute une explication. *Candide* suit le poème sur le *Désastre de Lisbonne*. Du tremblement de terre fameux seraient nés ses doutes sur l'existence du bien.

Mais il fait plus que d'en douter : il la nie. Il faut que Voltaire soit bien sombre. Alors on trouve un surcroît de raisons. Ce qui l'a rendu pessimiste, ce n'est pas seulement le phénomène qui, en quelques instants, a détruit une vaste et magnifique cité. Il y a l'Europe déchirée par la guerre,

Il y a plus. Voltaire vient d'acquérir Ferney. Ce n'est pas
une occasion d'être triste. Mais il l'a acheté au nom de sa
nièce qui doit, par une contre-lettre, lui en reconnaître la
propriété sa vie durant. Le contrat signé, M^{me} Denis n'a
pas donné la contre-lettre. Qu'elle se marie, et Voltaire
sera peut-être chassé de sa nouvelle demeure. On doute-
rait du bonheur de l'homme à moins...

Cette « clef » de *Candide*, personne ne l'a saisie avec
plus de fougue et de conviction que Michelet : « Parmi le
rire éternel, son enseigne et sa grimace, il avait eu un vrai
moment de larmes, de nature et de cœur, l'affreux désastre
de Lisbonne et le début sanglant de la guerre de Sept Ans ;
ces grands massacres inouïs de trente mille morts en une
fois ! Cela troubla l'optimisme qu'il avait professé toujours.
Et plus troublé fut-il de voir une femme intéressée, vio-
lente, qui se faisait maîtresse chez lui, pouvait le renvoyer.
Jusque-là, il était Candide ; et, par un changement subit,
il fut Martin, le pessimiste, ne voyant que mal sur la
terre. Miracle de sa Cunégonde ! » (*Histoire de France au
XVIII^e siècle*, ch. III.)

Oui, peut-être Voltaire a-t-il changé. Mais il a changé
tant de fois ! S'il avait pris un jour le « parti de l'huma-
nité » contre Pascal « misanthrope sublime », il n'y a pas
de grandes conséquences à tirer de là. Contre Pascal ne
lui était-il pas arrivé de prendre même le parti des Jésuites ?
On a souvent cité, notamment Sainte-Beuve dans son *Port-
Royal*, le jugement que Voltaire a porté sur les *Provinciales*,
« modèle d'éloquence et de plaisanterie » sans doute, mais
« qui repose sur un fondement faux ». Et pourquoi ? Parce
que (chose admirable à lire sous la plume d'un polémiste),
« on attribuait adroitement à toute la Société des opinions
extravagantes de plusieurs Jésuites espagnols et flamands.
On les aurait déterrées aussi bien chez des casuistes domi-
nicains et franciscains. Mais c'était aux seuls Jésuites qu'on
en voulait. On tâchait, dans les Lettres, de prouver qu'ils
avaient dessein formé de corrompre les mœurs des hommes,
dessein qu'aucune secte, aucune société n'a jamais eu et
ne peut avoir ; mais il ne s'agissait pas d'avoir raison, il

s'agissait de divertir le public. » (*Siècle de Louis XIV*, ch. xxxvi).

Si Voltaire a contredit Pascal sur les Jésuites, il a pu aussi bien le contredire sur le problème du bien et du mal. En 1759, il était agacé par ceux qui disaient que tout est bien ou que rien ne peut être meilleur. Il était agacé par Pope et Leibnitz. Le « meilleur des mondes possibles » lui apparaissait comme un défi au bon sens. Il trépignait quand il comparait cette formule à la réalité. Les effets comiques de ce contraste frappaient son imagination et son esprit. *Candide*, qu'il portait depuis longtemps en lui-même, est sorti de là.

Par une de ces sautes d'humeur dont l'esprit de contradiction lui faisait une loi, il a pu, un peu avant de mourir, « se réfuter lui-même et répondre à *Candide* », comme dit Michelet qui y tient beaucoup. (Il fait sans doute allusion aux *Dernières Remarques sur les Pensées de Pascal*, qui sont de 1776.) Mais « le meilleur des mondes possibles » a longtemps remué la bile et excité le rire de Voltaire. L'optimisme fut une de ses têtes de Turc les plus durables. Sa verve fut longue à s'y épuiser. Il faut lire, dans *Le Philosophe ignorant*, qui est de 1766 (Voltaire a donc soixante-douze ans), l'étourdissant chapitre xxvi qui est encore intitulé « du meilleur des mondes », car Voltaire ne redoute pas les répétitions :

« En courant de tous côtés pour m'instruire, je rencontrai des disciples de Platon. Venez avec nous, me dit l'un d'eux ; vous êtes dans le meilleur des mondes... Mais me sentant alors tourmenté de la pierre, et souffrant des douleurs insupportables, les citoyens du meilleur monde me conduisirent à l'hôpital voisin. Chemin faisant, deux de ces bienheureux habitants furent enlevés par des créatures, leurs semblables : on les chargea de fers, l'un pour quelques dettes, l'autre sur un simple soupçon... Quand on m'eut plongé un fer bien tranchant dans la vessie, et qu'on eut tiré quelques pierres de cette carrière ; quand je fus guéri et qu'il ne me resta plus que quelques incommodités douloureuses pour le reste de mes jours, je fis mes représen-

tations à mes guides, je pris la liberté de dire qu'il y avait du bon dans ce monde, puisqu'on m'avait tiré quatre cailloux du sein de mes entrailles déchirées ; mais que j'aurais encore mieux aimé que les vessies eussent été des lanternes, que non pas qu'elles fussent des carrières. Je leur parlai des calamités et des crimes innombrables qui couvrent cet excellent monde. Le plus intrépide d'entre eux qui était un Allemand, mon compatriote, m'apprit que tout cela n'est qu'une bagatelle. »

Qu'à sept ans de distance le thème de *Candide* ait eu ce renouvellement, c'est le signe d'une certaine fixité dans les idées et les agacements de Voltaire. « Le Monde, qui n'est probablement qu'une vaste ironie... » C'est un mot de M. Charles Maurras. Plus encore que le pessimisme, la vaste ironie du monde est la philosophie de *Candide*. Il en est le « motif » et, selon nous, la vraie clef. M. Charles Maurras, qui relit *Candide* une fois l'an, dit que, quand il le ferme, il pense : « La voie est libre ». C'est-à-dire que Voltaire déblaie largement les illusions terrestres, chasse les « nuées », tout ce qui s'interpose entre la réalité et l'entendement.

Ainsi s'explique-t-on que *Candide* choque tant d'esprits. C'est l'autre courant du xviii[e] siècle, celui qui bat violemment la théorie du progrès fondée sur la bonté naturelle de l'homme. Michelet s'indigne. Il prend sa revanche en mettant le doigt sur le côté scabreux du pamphlet destructeur, en lui reprochant d'être chargé « d'indécences et de grosses nudités, de Cunégondes à la Rubens ». Et c'est peut-être à *Candide* qu'a pensé Victor Hugo lorsque (dans *les Rayons et les Ombres*, « Regard jeté dans une mansarde »), il voit avec scandale, près d'une vierge pieuse, « l'aspic dans l'herbe » :

> *Un vieux livre est là-haut sur une vieille armoire,*
> *Par quelque vil passant dans cette ombre oublié :*
> *Roman du dernier siècle ! œuvre d'ignominie !*
> *Voltaire alors régnait, ce singe de génie,*
> *Chez l'homme en mission par le diable envoyé.*

Ces vers, bien médiocres, ont suivi de six ans *Rolla* et le « hideux sourire ». Telle est la répulsion, obstinée et diverse, des idéalismes du xix⁰ siècle pour *Candide*. Et pourtant, comme par une contradiction dernière, sur quoi finit le conte de Voltaire? Sur une reprise, une paraphrase de Pascal. Si le: « Cultivons notre jardin » rappelle du déjà vu, c'est sans doute ce fragment célèbre d'une des *Pensées* : « J'ai découvert que tout le malheur des hommes vient d'une seule chose, qui est de ne savoir pas demeurer en repos dans une chambre. »

Mais peut-être le nombre des idées entre lesquelles l'esprit humain a le choix est-il si court que Voltaire doive contredire Pascal ou se rencontrer avec lui. A-t-on assez remarqué le mot le plus pessimiste du conte? C'est un mot presque pascalien: « Martin surtout conclut que l'homme était fait pour vivre dans les convulsions de l'inquiétude ou dans la léthargie de l'ennui. »

Après cela, si nous cherchons à définir *Candide*, dirons-nous que c'est un roman? Assurément non, au sens que commençait déjà à prendre ce terme et qu'il a pris avec bien plus de force de nos jours. *Candide* échappe au genre romanesque. Ce n'est pas l'histoire d'un monsieur et d'une dame. On défie qui que ce soit de raconter ou de résumer *Candide*. Ce n'est pas non plus une restitution de la vie. Ce n'est pas l'étude d'un cas ou d'un caractère. C'est un tableau de l'humanité. Ce sont des fables dans une fable, des vérités aussi générales qu'éternelles habillées de fantaisie. Disons donc que ce qui fait le prix de *Candide*, c'est de ne pas être un roman, mais un poème, c'est-à-dire, chez l'artiste littéraire, la forme la plus haute de l'activité. Ποίησις veut dire d'abord la Création. *Candide*, c'est une image du monde. A tel point que, comme dans La Fontaine, nous y retrouvons des situations, des figures d'une vérité si générale qu'elles s'appliquent à notre temps aussi bien qu'à celui de Voltaire et qu'il suffit de les transposer au xx⁰ siècle pour y reconnaître notre propre histoire. Aucun lecteur n'y a manqué et n'y manquera. Et c'est ce qui assure à *Candide* une jeunesse perpétuelle.

Candide ou l'Optimisme, traduit de l'allemand de M. le D^r Ralph, a paru en 1759. Voltaire a écrit son chef-d'œuvre à soixante-cinq ans, ce qui peut donner de la patience aux jeunes écrivains pressés.

Le livre fut publié sans indication d'éditeur ni de lieu, mais imprimé, selon toute apparence, par les Cramer à Genève. Il est peu de ses ouvrages que Voltaire ait tenu à rendre plus clandestins. Non seulement il se cachait d'en être l'auteur, mais il s'en défendait. Il allait jusqu'à écrire au *Journal Encyclopédique* que *Candide* était l'œuvre de M. Dewad, « actuellement capitaine dans le régiment de Brunswick ». Il avait des raisons de se méfier et de craindre. *Candide* fut mal accueilli dans le monde littéraire, jugé licencieux et même grossier. Bien plus, il fut, dès le 2 mars, c'est-à-dire quelques jours après l'apparition, qui est de février, condamné à la destruction par le Conseil de Genève. Rome alla moins vite que l'anti-Rome. Elle ne condamna *Candide* qu'en 1762. Aussi, après avoir renié son œuvre, Voltaire ne la reconnut que peu à peu, avec prudence, laissant paraître des éditions qui indiquaient le nom de M. de V... jusqu'à l'introduction, en 1761, dans les *Mélanges* de Cramer pour lesquels Voltaire revit et remania son ouvrage. C'est là qu'ont été ajoutés les passages sur Adrienne Lecouvreur. (M^{lle} Monime), Fréron (F...), Trublet (l'archidiacre T...).

Candide, en dépit du scandale, eut tant de succès qu'il en parut des contrefaçons en grand nombre, ainsi que de fausses « suites ». Voltaire, à la fin de la *Princesse de Babylone*, se plaint avec amertume de ces falsifications. Au fond, elles attestaient la vogue de *Candide* et l'attention que le public lui accordait.

Il n'y a rien dans le récit qui appelle d'éclaircissement particulier. On se demande seulement pourquoi, au célèbre chapitre XXVI, sur les cinq amis qui se rencontrent dans l'auberge de Venise, Voltaire s'est abstenu de nommer par leur nom les deux « rois des Polaques », Auguste III et Stanislas Leczinski.

L'Histoire d'un bon Bramin a été écrite la même année que *Candide*. Cette « parabole » avait été envoyée à M^{me} du

Deffand au début d'octobre 1759, comme en témoigne une lettre du 13 de ce mois citée par Bengesco où Voltaire écrit à la marquise : « Je vous exhorte à jouir, autant que vous le pourrez, de la vie qui est peu de chose, sans craindre la mort, qui n'est rien. »

Le bon Bramin a paru dans les *Mélanges littéraires* de 1761.

Dans *le Blanc et le Noir*, Voltaire revient au conte oriental. Le thème est un de ceux qui l'ont toujours poursuivi : le temps n'existe que par rapport à nous et la vie est un songe. En vingt lignes du *Dictionnaire philosophique*, au mot *Fiction*, Voltaire a montré combien ces idées le hantaient : « N'aimez-vous pas le conte arabe du sultan qui ne voulait pas croire qu'un peu de temps pût paraître très long, et qui disputait sur la nature du temps avec son derviche ? Celui-ci le prie, pour s'en éclaircir, de plonger seulement la tête un moment dans le bassin où il se lavait. Aussitôt le sultan se trouve transporté dans un désert affreux ; il est obligé de travailler pour gagner sa vie. Il se marie, il a des enfants qui deviennent grands et qui le battent. Enfin il revient dans son pays et dans son palais ; il y retrouve son derviche, qui lui a fait souffrir tant de maux pendant vingt-cinq ans. Il veut le tuer. Il ne s'apaise que quand il sait que tout cela s'est passé dans l'instant qu'il s'est lavé le visage en fermant les yeux. »

L'article *Génies* du *Dictionnaire philosophique* est également un commentaire de la deuxième idée que contient *le Blanc et le Noir* : « Tout est mêlé de bien et de mal sur la terre ; il y a donc incontestablement de bons et de mauvais génies. Les Perses eurent leurs *péris* et leurs *dives*, les Grecs leurs *daimons* et *cacodaimons*, les Latins *bonos* et *malos genios*. Le bon génie devait être blanc, le mauvais devait être noir, excepté chez les nègres où c'est essentiellement le contraire. Platon admit sans difficulté un bon et mauvais génie pour chaque mortel. » Il est frappant de voir, et ce n'est pas le seul exemple, avec quelle variété Voltaire reprend et exploite les mêmes thèmes.

Le Blanc et le Noir a paru en 1764 dans les *Contes de*

Guillaume Vadé, chez Cramer à Genève. En même temps on put lire *Jeannot et Colin*.

Ce charmant récit révèle un nouveau Voltaire, presque à l'usage de la jeunesse : il a suffi de très petites coupures pour qu'il entrât jusque dans les séminaires et nous avons déjà dit que le bon Florian en avait tiré une comédie comme il en fut tiré un opéra-comique. Voilà Voltaire-Protée. Ironique encore, il est ici presque tendre. Il amuse sans tirer de feux d'artifice. Peut-être n'est-il jamais allé si loin dans la perfection du naturel et de la simplicité.

Une allusion, dans *Jeannot et Colin*, vaut d'être éclaircie. Le « bel esprit » dont il s'agit dans la conversation du procureur avec M^me de la Jeannotière est Fontenelle. Un peu plus loin, *l'Année littéraire* est, comme on sait, le journal de Fréron... Fontenelle, Fréron : Voltaire, jusque dans ses moments d'abandon et de détente, ne lâchait pas ses victimes.

L'Aventure indienne, de même que *les Aveugles juges des couleurs*, vient du tome des *Mélanges* de l'année 1766. Mais Voltaire, alors, préparait mieux que ces pages rapides qui ressemblent à des articles du *Dictionnaire philosophique*. Il préparait *l'Ingénu, histoire véritable tirée des manuscrits du Père Quesnel*, qui parut à Genève en 1767 avec la fausse indication « Utrecht ».

On parlait de *l'Ingénu* avant qu'il fût publié et ce bruit alarmait Voltaire. D'Alembert ayant voulu lire ces pages, Voltaire lui écrivit, en juillet, pour nier effrontément qu'il en fût l'auteur : « Je n'ai point fait *l'Ingénu* ; je ne l'aurais jamais fait ; j'ai l'innocence de la colombe et je veux avoir la prudence du serpent... » Surtout la prudence du serpent. Ce fut le même jeu que pour *Candide*. Le succès ayant été vif, plusieurs éditions se succédèrent et celle de Lausanne, en 1768, porte le nom de M. de V...

De toutes les œuvres qui composent ce recueil, *l'Ingénu* est ce qui ressemble le plus à un roman. Voltaire, — à soixante-treize ou quatorze ans, — s'est souvenu qu'au théâtre il avait fait pleurer. Il avait écrit *Mérope* et *Zaïre*. Il avait une veine sentimentale et pathétique. Lui aussi, il

saurait peindre une héroïne touchante qui ne serait pas une Julie. Et il a soigné le portrait de la « triste Saint-Yves » avec l'habileté d'un artiste. On songe à Anatole France se disant un jour : « Et moi aussi je puis écrire un roman psychologique », et donnant *le Lys rouge*.

Mais Voltaire n'eût pas été Voltaire si, dans une aventure romanesque (reprise d'ailleurs, comme nous l'avons vu, de *Cosi-Sancta* et de l'*Histoire de Madame de Luz*, de Duclos), il n'avait épanché son génie satirique. Ce Huron qui débarque en France, qui voyage, qui cause avec les gens, qui fait d'étranges découvertes, c'est un admirable prétexte pour critiquer les idées et les mœurs. Le lecteur est mené au théâtre, à la Bastille et jusqu'à Versailles. C'est le procédé de *Candide*, toutefois plus faible et servi par moins de verve. Il y a aussi les personnages familiers de Voltaire, on pourrait presque dire ses marionnettes : un janséniste, un jésuite, les docteurs en Sorbonne nommés « adépeutes linostoles » (chap. xi) quelque chose comme « illettrés vêtus de lin ». Il y a des évêques, selon les uns, et les membres du Parlement, selon les autres, bizarrement appelés « pastophores ». On pense encore dans tout cela aux caricatures qui animent *le Lys rouge*. Au fond, si touchante que Voltaire ait rendu sa belle et vertueuse Saint-Yves, il a dû nourrir l'histoire de ses malheurs par le moyen le plus habituel et le plus sûr de ses narrations, par l'ironie.

Le jansénisme joue un rôle important dans cette histoire. M. Gordon, disciple de Port-Royal et grand disputeur, c'est déjà un personnage d'Anatole France. A la fin, il renonce à Jansénius pour un bénéfice. Ce n'est donc pas sans raison que Voltaire a mis en sous-titre que *l'Ingénu* était « tiré des manuscrits du Père Quesnel », le P. Quesnel, mort du reste en 1719, ayant été le successeur d'Arnauld comme chef spirituel du jansénisme en France.

On s'aperçoit d'ailleurs très vite à la lecture de *l'Ingénu* que, si l'histoire est censée se passer sous Louis XIV, les allusions s'adressent pour la plupart au règne de Louis XV : Bossuet y voisine avec l'auteur de *Bélisaire*, et le portrait de Choiseul (chap. xix) rencontre celui de Louvois lequel

« avait une autre sorte de mérite ». Car jamais Voltaire, qui respectait si peu de choses, n'a pu se résoudre à manquer de respect au grand siècle, — en cela semblable à Anatole France qui, selon la juste remarque de M. Jacques Roujon, a préféré, dans *l'Ile des Pingouins,* ne pas parler du grand roi et du grand siècle. Contre la raillerie, leur majesté les défend toujours.

CANDIDE
OU L'OPTIMISME

*TRADUIT DE L'ALLEMAND
DE M. LE DOCTEUR RALPH*

AVEC LES ADDITIONS QU'ON A TROUVÉES
DANS LA POCHE DU DOCTEUR,
LORSQU'IL MOURUT A MINDEN, L'AN DE GRACE 1759

CANDIDE

CHAPITRE PREMIER

COMMENT CANDIDE FUT ÉLEVÉ DANS UN BEAU CHATEAU,
ET COMMENT IL FUT CHASSÉ D'ICELUI

Il y avait en Westphalie, dans le château de M. le baron de Thunder-ten-tronckh, un jeune garçon à qui la nature avait donné les mœurs les plus douces. Sa physionomie annonçait son âme. Il avait le jugement assez droit avec l'esprit le plus simple : c'est, je crois, pour cette raison qu'on le nommait Candide. Les anciens domestiques de la maison soupçonnaient qu'il était fils de la sœur de monsieur le baron et d'un bon et honnête gentilhomme du voisinage, que cette demoiselle ne voulut jamais épouser parce qu'il n'avait pu prouver que soixante et onze quartiers, et que le reste de son arbre généalogique avait été perdu par l'injure du temps.

Monsieur le baron était un des plus puissants seigneurs de la Westphalie, car son château avait une porte et des fenêtres. Sa grande salle même

était ornée d'une tapisserie. Tous les chiens de ses basses-cours composaient une meute dans le besoin ; ses palefreniers étaient ses piqueurs ; le vicaire du village était son grand aumônier. Ils l'appelaient tous Monseigneur, et ils riaient quand il faisait des contes.

Madame la baronne, qui pesait environ trois cent cinquante livres, s'attirait par là une très grande considération, et faisait les honneurs de la maison avec une dignité qui la rendait encore plus respectable. Sa fille Cunégonde, âgée de dix-sept ans, était haute en couleur, fraîche, grasse, appétissante. Le fils du baron paraissait en tout digne de son père. Le précepteur Pangloss était l'oracle de la maison, et le petit Candide écoutait ses leçons avec toute la bonne foi de son âge et de son caractère.

Pangloss enseignait la métaphysico-théologo-cosmolo-nigologie. Il prouvait admirablement qu'il n'y a point d'effet sans cause, et que, dans ce meilleur des mondes possibles, le château de monseigneur le baron était le plus beau des châteaux et madame la meilleure des baronnes possibles.

« Il est démontré, disait-il, que les choses ne peuvent être autrement : car, tout étant fait pour une fin, tout est nécessairement pour la meilleure fin. Remarquez bien que les nez ont été faits pour porter des lunettes ; aussi avons-nous des lunettes. Les jambes sont visiblement instituées pour être chaussées, et nous avons des chausses. Les pierres ont été formées pour être taillées et pour en faire

des châteaux ; aussi monseigneur a un très beau château ; le plus grand baron de la province doit être le mieux logé ; et, les cochons étant faits pour être mangés, nous mangeons du porc toute l'année : par conséquent, ceux qui ont avancé que tout est bien ont dit une sottise ; il fallait dire que tout est au mieux. »

Candide écoutait attentivement, et croyait innocemment : car il trouvait M^{lle} Cunégonde extrêmement belle, quoiqu'il ne prît jamais la hardiesse de le lui dire. Il concluait qu'après le bonheur d'être né baron de Thunder-ten-tronckh, le second degré de bonheur était d'être M^{lle} Cunégonde ; le troisième, de la voir tous les jours ; et le quatrième, d'entendre maître Pangloss, le plus grand philosophe de la province, et par conséquent de toute la terre.

Un jour, Cunégonde, en se promenant auprès du château, dans le petit bois qu'on appelait parc, vit entre des broussailles le docteur Pangloss qui donnait une leçon de physique expérimentale à la femme de chambre de sa mère, petite brune très jolie et très docile. Comme M^{lle} Cunégonde avait beaucoup de disposition pour les sciences, elle observa sans souffler les expériences réitérées dont elle fut témoin ; elle vit clairement la raison suffisante du docteur, les effets et les causes, et s'en retourna tout agitée, toute pensive, toute remplie du désir d'être savante, songeant qu'elle pourrait bien être la raison suffisante du jeune Candide, qui pouvait aussi être la sienne.

Elle rencontra Candide en revenant au château,
et rougit ; Candide rougit aussi ; elle lui dit bon-
jour d'une voix entrecoupée, et Candide lui parla
sans savoir ce qu'il disait. Le lendemain, après le
dîner, comme on sortait de table, Cunégonde et
Candide se trouvèrent derrière un paravent ; Cuné-
gonde laissa tomber son mouchoir, Candide le
ramassa ; elle lui prit innocemment la main, le
jeune homme baisa innocemment la main de la
jeune demoiselle avec une vivacité, une sensibilité,
une grâce toute particulière ; leurs bouches se ren-
contrèrent, leurs yeux s'enflammèrent, leurs genoux
tremblèrent, leurs mains s'égarèrent. M. le baron
de Thunder-ten-tronckh passa auprès du paravent,
et, voyant cette cause et cet effet, chassa Can-
dide du château à grands coups de pied dans le
derrière ; Cunégonde s'évanouit ; elle fut soufle-
tée par madame la baronne dès qu'elle fut revenue
à elle-même ; et tout fut consterné dans le plus
beau et le plus agréable des châteaux possibles.

CHAPITRE II

CE QUE DEVINT CANDIDE PARMI LES BULGARES

CANDIDE, chassé du paradis terrestre, marcha longtemps sans savoir où, pleurant, levant les yeux au ciel, les tournant souvent vers le plus beau des châteaux, qui renfermait la plus belle des baronnettes ; il se coucha sans souper au milieu des champs entre deux sillons ; la neige tombait à gros flocons. Candide, tout transi, se traîna le lendemain vers la ville voisine, qui s'appelle *Wald-berghoff-trarbk-dikdorff*, n'ayant point d'argent, mourant de faim et de lassitude. Il s'arrêta tristement à la porte d'un cabaret. Deux hommes habillés de bleu le remarquèrent. « Camarade, dit l'un, voilà un jeune homme très bien fait, et qui a la taille requise. » Ils s'avancèrent vers Candide et le prièrent à dîner très civilement. « Messieurs, leur dit Candide avec une modestie charmante, vous me faites beaucoup d'honneur, mais je n'ai pas de quoi payer mon écot. — Ah ! Monsieur, lui dit un des bleus, les personnes de votre figure et de votre mérite ne payent jamais rien : n'avez-vous pas cinq pieds cinq pouces de haut ? — Oui, Messieurs, c'est ma taille, dit-il en faisant la révérence. — Ah ! Monsieur, mettez-vous à table ; non seulement nous vous défrayerons, mais nous ne souffrirons jamais qu'un homme comme vous manque d'argent ; les hommes ne sont faits que

pour se secourir les uns les autres. — Vous avez raison, dit Candide : c'est ce que M. Pangloss m'a toujours dit, et je vois bien que tout est au mieux. » On le prie d'accepter quelques écus, il les prend et veut faire son billet ; on n'en veut point, on se met à table : « N'aimez-vous pas tendrement ?... — Oh ! oui, répond-il, j'aime tendrement M^{lle} Cunégonde. — Non, dit l'un de ces messieurs, nous vous demandons si vous n'aimez pas tendrement le roi des Bulgares. — Point du tout, dit-il, car je ne l'ai jamais vu. — Comment ! c'est le plus charmant des rois, et il faut boire à sa santé. — Oh ! très volontiers, Messieurs » ; et il boit. « C'en est assez, lui dit-on, vous voilà l'appui, le soutien, le défenseur, le héros des Bulgares ; votre fortune est faite, et votre gloire est assurée. » On lui met sur-le-champ les fers aux pieds, et on le mène au régiment. On le fait tourner à droite, à gauche, hausser la baguette, remettre la baguette, coucher en joue, tirer, doubler le pas, et on lui donne trente coups de bâton ; le lendemain, il fait l'exercice un peu moins mal, et il ne reçoit que vingt coups ; le surlendemain, on ne lui en donne que dix, et il est regardé par ses camarades comme un prodige.

Candide, tout stupéfait, ne démêlait pas encore trop bien comment il était un héros. Il s'avisa, un beau jour de printemps, de s'aller promener, marchant tout droit devant lui, croyant que c'était un privilège de l'espèce humaine, comme de l'espèce animale, de se servir de ses jambes à son plaisir.

Il n'eut pas fait deux lieues que voilà quatre autres héros de six pieds qui l'atteignent, qui le lient, qui le mènent dans un cachot. On lui demanda juridiquement ce qu'il aimait le mieux d'être fustigé trente-six fois par tout le régiment, ou de recevoir à la fois douze balles de plomb dans la cervelle. Il eut beau dire que les volontés sont libres et qu'il ne voulait ni l'un ni l'autre, il fallut faire un choix : il se détermina, en vertu du don de Dieu qu'on nomme liberté, à passer trente-six fois par les baguettes ; il essuya deux promenades. Le régiment était composé de deux mille hommes ; cela lui composa quatre mille coups de baguette, qui, depuis la nuque du cou jusqu'au cul, lui découvrirent les muscles et les nerfs. Comme on allait procéder à la troisième course, Candide, n'en pouvant plus, demanda en grâce qu'on voulût bien avoir la bonté de lui casser la tête ; il obtint cette faveur ; on lui bande les yeux, on le fait mettre à genoux. Le roi des Bulgares passe dans ce moment, s'informe du crime du patient ; et, comme ce roi avait un grand génie, il comprit, par tout ce qu'il apprit de Candide, que c'était un jeune métaphysicien fort ignorant des choses de ce monde, et il lui accorda sa grâce avec une clémence qui sera louée dans tous les journaux et dans tous les siècles. Un brave chirurgien guérit Candide en trois semaines avec les émollients enseignés par Dioscoride. Il avait déjà un peu de peau et pouvait marcher, quand le roi des Bulgares livra bataille au roi des Abares.

CHAPITRE III

COMMENT CANDIDE SE SAUVA D'ENTRE LES BULGARES,
ET CE QU'IL DEVINT

RIEN n'était si beau, si leste, si brillant, si bien ordonné que les deux armées. Les trompettes, les fifres, les hautbois, les tambours, les canons, formaient une harmonie telle qu'il n'y en eut jamais en enfer. Les canons renversèrent d'abord à peu près six mille hommes de chaque côté ; ensuite la mousqueterie ôta du meilleur des mondes environ neuf à dix mille coquins qui en infectaient la surface. La baïonnette fut aussi la raison suffisante de la mort de quelques milliers d'hommes. Le tout pouvait bien se monter à une trentaine de mille âmes. Candide, qui tremblait comme un philosophe, se cacha du mieux qu'il put pendant cette boucherie héroïque.

Enfin, tandis que les deux rois faisaient chanter des *Te Deum* chacun dans son camp, il prit le parti d'aller raisonner ailleurs des effets et des causes. Il passa par-dessus des tas de morts et de mourants, et gagna d'abord un village voisin ; il était en cendres : c'était un village abare que les Bulgares avaient brûlé, selon les lois du droit public. Ici des vieillards criblés de coups regardaient mourir leurs femmes égorgées, qui tenaient leurs enfants à leurs mamelles sanglantes ; là des filles éventrées après avoir assouvi les besoins naturels

de quelques héros rendaient les derniers soupirs ; d'autres, à demi brûlées, criaient qu'on achevât de leur donner la mort. Des cervelles étaient répandues sur la terre à côté de bras et de jambes coupés.

Candide s'enfuit au plus vite dans un autre village : il appartenait à des Bulgares, et les héros abares l'avaient traité de même. Candide, toujours marchant sur des membres palpitants ou à travers des ruines, arriva enfin hors du théâtre de la guerre, portant quelques petites provisions dans son bissac, et n'oubliant jamais M^{lle} Cunégonde. Ses provisions lui manquèrent quand il fut en Hollande ; mais, ayant entendu dire que tout le monde était riche dans ce pays-là et qu'on y était chrétien, il ne douta pas qu'on ne le traitât aussi bien qu'il l'avait été dans le château de monsieur le baron, avant qu'il en eût été chassé pour les beaux yeux de M^{lle} Cunégonde.

Il demanda l'aumône à plusieurs graves personnages, qui lui répondirent tous que, s'il continuait à faire ce métier, on l'enfermerait dans une maison de correction pour lui apprendre à vivre.

Il s'adressa ensuite à un homme qui venait de parler tout seul une heure de suite sur la charité dans une grande assemblée. Cet orateur, le regardant de travers, lui dit : « Que venez-vous faire ici ? y êtes-vous pour la bonne cause ? — Il n'y a point d'effet sans cause, répondit modestement Candide ; tout est enchaîné nécessairement et arrangé pour le mieux. Il a fallu que je fusse

chassé d'auprès de M^lle Cunégonde, que j'aie passé
par les baguettes, et il faut que je demande mon
pain jusqu'à ce que je puisse en gagner ; tout cela
ne pouvait être autrement. — Mon ami, lui dit
l'orateur, croyez-vous que le pape soit l'Antéchrist?
— Je ne l'avais pas encore entendu dire, répondit
Candide ; mais, qu'il le soit ou qu'il ne le soit
pas, je manque de pain. — Tu ne mérites pas
d'en manger, dit l'autre ; va, coquin ; va, misérable,
ne m'approche de ta vie. » La femme de l'ora-
teur, ayant mis la tête à la fenêtre et avisant
un homme qui doutait que le pape fût antéchrist,
lui répandit sur le chef un plein... O Ciel ! à
quel excès se porte le zèle de la religion dans les
dames !

Un homme qui n'avait point été baptisé, un bon
anabaptiste, nommé Jacques, vit la manière cruelle
et ignominieuse dont on traitait ainsi un de ses
frères, un être à deux pieds sans plumes, qui avait
une âme ; il l'amena chez lui, le nettoya, lui donna
du pain et de la bière, lui fit présent de deux flo-
rins, et voulut même lui apprendre à travailler
dans ses manufactures aux étoffes de Perse qu'on
fabrique en Hollande. Candide, se prosternant
presque devant lui, s'écriait : « Maître Pangloss
me l'avait bien dit que tout est au mieux dans
ce monde, car je suis infiniment plus touché de
votre extrême générosité que de la dureté de
ce monsieur à manteau noir et de madame son
épouse. »

Le lendemain, en se promenant, il rencontra un

gueux tout couvert de pustules, les yeux morts, le bout du nez rongé, la bouche de travers, les dents noires, et parlant de la gorge, tourmenté d'une toux violente et crachant une dent à chaque effort.

CHAPITRE IV

COMMENT CANDIDE RENCONTRA SON ANCIEN MAITRE
DE PHILOSOPHIE, LE DOCTEUR PANGLOSS, ET CE QUI
EN ADVINT

CANDIDE, plus ému encore de compassion que d'horreur, donna à cet épouvantable gueux les deux florins qu'il avait reçus de son honnête anabaptiste Jacques. Le fantôme le regarda fixement, versa des larmes et sauta à son cou. Candide, effrayé, recule. « Hélas ! dit le misérable à l'autre misérable, ne reconnaissez-vous plus votre cher Pangloss ? — Qu'entends-je ? Vous, mon cher maître ! vous, dans cet état horrible ! Quel malheur vous est-il donc arrivé ? Pourquoi n'êtes-vous plus dans le plus beau des châteaux ? Qu'est devenue M$^{\text{lle}}$ Cunégonde, la perle des filles, le chef-d'œuvre de la nature ? — Je n'en peux plus », dit Pangloss. Aussitôt Candide le mena dans l'étable de l'anabaptiste, où il lui fit manger un peu de pain ; et quand Pangloss fut refait : « Eh bien ! lui dit-il, Cunégonde ? — Elle est morte », reprit l'autre. Candide s'évanouit à ce mot ; son ami rappela ses sens avec un peu de mauvais vinaigre qui se trouva par hasard dans l'étable. Candide rouvre les yeux. « Cunégonde est morte ! Ah ! meilleur des mondes, où êtes-vous ? Mais de quelle maladie est-elle morte ? Ne serait-ce point de m'avoir vu chasser du beau château de monsieur son père à grands

coups de pied? — Non, dit Pangloss ; elle a été éventrée par des soldats bulgares, après avoir été violée autant qu'on peut l'être ; ils ont cassé la tête à monsieur le baron, qui voulait la défendre ; madame la baronne a été coupée en morceaux ; mon pauvre pupille, traité précisément comme sa sœur ; et quant au château, il n'est pas resté pierre sur pierre, pas une grange, pas un mouton, pas un canard, pas un arbre ; mais nous avons été bien vengés, car les Abares en ont fait autant dans une baronnie voisine qui appartenait à un seigneur bulgare. »

A ce discours, Candide s'évanouit encore ; mais, revenu à soi et ayant dit tout ce qu'il devait dire, il s'enquit de la cause et de l'effet, et de la raison suffisante qui avait mis Pangloss dans un si piteux état. « Hélas ! dit l'autre, c'est l'amour ; l'amour, le consolateur du genre humain, le conservateur de l'univers, l'âme de tous les êtres sensibles, le tendre amour. — Hélas ! dit Candide, je l'ai connu, cet amour, ce souverain des cœurs, cette âme de notre âme : il ne m'a jamais valu qu'un baiser et vingt coups de pied au cul. Comment cette belle cause a-t-elle pu produire en vous un effet si abominable ? » Pangloss répondit en ces termes : « O mon cher Candide ! vous avez connu Paquette, cette jolie suivante de notre auguste baronne ; j'ai goûté dans ses bras les délices du paradis, qui ont produit ces tourments d'enfer dont vous me voyez dévoré ; elle en était infectée, elle en est peut-être morte. Paquette tenait ce présent d'un cordelier

très savant, qui avait remonté à la source : car il
l'avait eue d'une vieille comtesse, qui l'avait reçue
d'un capitaine de cavalerie, qui la devait à une
marquise, qui la tenait d'un page, qui l'avait reçue
d'un jésuite qui, étant novice, l'avait eue en droite
ligne d'un des compagnons de Christophe Colomb.
Pour moi, je ne la donnerai à personne, car je me
meurs. — O Pangloss ! s'écria Candide, voilà une
étrange généalogie ! n'est-ce pas le diable qui en
fut la souche ? — Point du tout, répliqua ce grand
homme : c'était une chose indispensable dans le
meilleur des mondes, un ingrédient nécessaire :
car, si Colomb n'avait pas attrapé dans une île de
l'Amérique cette maladie qui empoisonne la source
de la génération, qui souvent même empêche la
génération, et qui est évidemment l'opposé du
grand but de la nature, nous n'aurions ni le cho-
colat ni la cochenille ; il faut encore observer que
jusqu'aujourd'hui, dans notre continent, cette
maladie nous est particulière, comme la contro-
verse. Les Turcs, les Indiens, les Persans, les
Chinois, les Siamois, les Japonais, ne la connais-
sent pas encore ; mais il y a une raison suffisante
pour qu'ils la connaissent à leur tour dans quel-
ques siècles. En attendant, elle a fait un merveil-
leux progrès parmi nous, et surtout dans ces
grandes armées composées d'honnêtes stipendiaires
bien élevés, qui décident du destin des États ; on
peut assurer que, quand trente mille hommes com-
battent en bataille rangée contre des troupes égales
en nombre, il y a environ vingt mille vérolés de

chaque côté. — Voilà qui est admirable, dit Candide ; mais il faut vous faire guérir. — Et comment le puis-je ? dit Pangloss ; je n'ai pas le sou, mon ami, et, dans toute l'étendue de ce globe, on ne peut ni se faire saigner ni prendre un lavement sans payer, ou sans qu'il y ait quelqu'un qui paye pour nous. »

Ce dernier discours détermina Candide ; il alla se jeter aux pieds de son charitable anabaptiste Jacques, et lui fit une peinture si touchante de l'état où son ami était réduit que le bonhomme n'hésita pas à recueillir le docteur Pangloss ; il le fit guérir à ses dépens. Pangloss, dans la cure, ne perdit qu'un œil et une oreille. Il écrivait bien et savait parfaitement l'arithmétique. L'anabaptiste Jacques en fit son teneur de livres. Au bout de deux mois, étant obligé d'aller à Lisbonne pour les affaires de son commerce, il mena dans son vaisseau ses deux philosophes. Pangloss lui expliqua comment tout était on ne peut mieux. Jacques n'était pas de cet avis. « Il faut bien, disait-il, que les hommes aient un peu corrompu la nature, car ils ne sont point nés loups, et ils sont devenus loups. Dieu ne leur a donné ni canon de vingt-quatre ni baïonnettes, et ils se sont fait des baïonnettes et des canons pour se détruire. Je pourrais mettre en ligne de compte les banqueroutes et la justice qui s'empare des biens des banqueroutiers pour en frustrer les créanciers. — Tout cela était indispensable, répliquait le docteur borgne, et les malheurs particuliers font le bien général, de sorte

que plus il y a de malheurs particuliers, et plus tout est bien. » Tandis qu'il raisonnait, l'air s'obscurcit, les vents soufflèrent des quatre coins du monde, et le vaisseau fut assailli de la plus horrible tempête à la vue du port de Lisbonne.

CHAPITRE V

LA moitié des passagers affaiblis, expirants de
ces angoisses inconcevables que le roulis d'un
vaisseau porte dans les nerfs et dans toutes les
humeurs du corps agitées en sens contraires, n'avait
pas même la force de s'inquiéter du danger. L'autre
moitié jetait des cris et faisait des prières ; les
voiles étaient déchirées, les mâts brisés, le vaisseau
entr'ouvert. Travaillait qui pouvait, personne ne
s'entendait, personne ne commandait. L'anabap-
tiste aidait un peu à la manœuvre ; il était sur le
tillac ; un matelot furieux le frappe rudement et
l'étend sur les planches ; mais du coup qu'il lui
donna il eut lui-même une si violente secousse qu'il
tomba hors du vaisseau la tête la première. Il
restait suspendu et accroché à une partie de mât
rompue. Le bon Jacques court à son secours, l'aide
à remonter, et de l'effort qu'il fit il est précipité
dans la mer à la vue du matelot, qui le laissa
périr sans daigner seulement le regarder. Candide
approche, voit son bienfaiteur qui reparaît un
moment et qui est englouti pour jamais. Il veut se
jeter après lui dans la mer ; le philosophe Pangloss
l'en empêche, en lui prouvant que la rade de
Lisbonne avait été formée exprès pour que cet

anabaptiste s'y noyât. Tandis qu'il le prouvait *a priori*, le vaisseau s'entr'ouvre, tout périt à la réserve de Pangloss, de Candide, et de ce brutal de matelot qui avait noyé le vertueux anabaptiste; le coquin nagea heureusement jusqu'au rivage, où Pangloss et Candide furent portés sur une planche.

Quand ils furent revenus un peu à eux, ils marchèrent vers Lisbonne; il leur restait quelque argent, avec lequel ils espéraient se sauver de la faim après avoir échappé à la tempête.

A peine ont-ils mis le pied dans la ville en pleurant la mort de leur bienfaiteur, qu'ils sentent la terre trembler sous leurs pas; la mer s'élève en bouillonnant dans le port, et brise les vaisseaux qui sont à l'ancre. Des tourbillons de flamme et de cendres couvrent les rues et les places publiques; les maisons s'écroulent, les toits sont renversés sur les fondements, et les fondements se dispersent; trente mille habitants de tout âge et de tout sexe sont écrasés sous des ruines. Le matelot disait en sifflant et en jurant: « Il y aura quelque chose à gagner ici. — Quelle peut être la raison suffisante de ce phénomène? disait Pangloss. — Voici le dernier jour du monde! » s'écriait Candide. Le matelot court incontinent au milieu des débris, affronte la mort pour trouver de l'argent, en trouve, s'en empare, s'enivre, et, ayant cuvé son vin, achète les faveurs de la première fille de bonne volonté qu'il rencontre sur les ruines des maisons détruites, et au milieu des mourants et des morts. Pangloss le tirait cependant par la manche. « Mon

ami, lui disait-il, cela n'est pas bien, vous manquez à la raison universelle, vous prenez mal votre temps. — Tête et sang! répondit l'autre, je suis matelot et né à Batavia; j'ai marché quatre fois sur le crucifix dans quatre voyages au Japon; tu as bien trouvé ton homme avec ta raison universelle! »

Quelques éclats de pierre avaient blessé Candide; il était étendu dans la rue et couvert de débris. Il disait à Pangloss : « Hélas! procure-moi un peu de vin et d'huile; je me meurs. — Ce tremblement de terre n'est pas une chose nouvelle, répondit Pangloss; la ville de Lima éprouva les mêmes secousses en Amérique l'année passée; mêmes causes, mêmes effets : il y a certainement une traînée de soufre sous terre depuis Lima jusqu'à Lisbonne. — Rien n'est plus probable, dit Candide; mais, pour Dieu, un peu d'huile et de vin. — Comment, probable? répliqua le philosophe; je soutiens que la chose est démontrée. » Candide perdit connaissance, et Pangloss lui apporta un peu d'eau d'une fontaine voisine.

Le lendemain, ayant trouvé quelques provisions de bouche en se glissant à travers des décombres, ils réparèrent un peu leurs forces. Ensuite ils travaillèrent comme les autres à soulager les habitants échappés à la mort. Quelques citoyens, secourus par eux, leur donnèrent un aussi bon dîner qu'on le pouvait dans un tel désastre : il est vrai que le repas était triste; les convives arrosaient leur pain de leurs larmes; mais Pangloss les consola en les

assurant que les choses ne pouvaient être autre-
ment : « Car, dit-il, tout ceci est ce qu'il y a de
mieux : car, s'il y a un volcan à Lisbonne, il ne
pouvait être ailleurs ; car il est impossible que les
choses ne soient pas où elles sont ; car tout est bien. »

Un petit homme noir, familier de l'Inquisition,
lequel était à côté de lui, prit poliment la parole
et dit : « Apparemment que monsieur ne croit pas
au péché originel : car, si tout est au mieux, il n'y
a donc eu ni chute ni punition. — Je demande très
humblement pardon à Votre Excellence, répon-
dit Pangloss encore plus poliment, car la chute de
l'homme et la malédiction entraient nécessairement
dans le meilleur des mondes possibles. — Monsieur
ne croit donc pas à la liberté ? dit le familier.
— Votre Excellence m'excusera, dit Pangloss ; la
liberté peut subsister avec la nécessité absolue ; car
il était nécessaire que nous fussions libres ; car
enfin la volonté déterminée... » Pangloss était au
milieu de sa phrase, quand le familier fit un signe
de tête à son estafier qui lui servait à boire du vin
de Porto ou d'Oporto.

CHAPITRE VI

COMMENT ON FIT UN BEL AUTO-DA-FÉ POUR EMPÊCHER LES TREMBLEMENTS DE TERRE, ET COMMENT CANDIDE FUT FESSÉ

APRÈS le tremblement de terre qui avait détruit les trois quarts de Lisbonne, les sages du pays n'avaient pas trouvé un moyen plus efficace pour prévenir une ruine totale que de donner au peuple un bel auto-da-fé; il était décidé par l'université de Coïmbre que le spectacle de quelques personnes brûlées à petit feu, en grande cérémonie, est un secret infaillible pour empêcher la terre de trembler.

On avait en conséquence saisi un Biscayen convaincu d'avoir épousé sa commère, et deux Portugais qui en mangeant un poulet en avaient arraché le lard: on vint lier après le dîner le docteur Pangloss et son disciple Candide, l'un pour avoir parlé, et l'autre pour avoir écouté avec un air d'approbation: tous deux furent menés séparément dans des appartements d'une extrême fraîcheur, dans lesquels on n'était jamais incommodé du soleil: huit jours après ils furent tous deux revêtus d'un san-benito, et on orna leurs têtes de mitres de papier: la mitre et le san-benito de Candide étaient peints de flammes renversées et de diables qui n'avaient ni queues ni griffes; mais les diables de Pangloss portaient griffes et queues,

et les flammes étaient droites. Ils marchèrent en
procession ainsi vêtus, et entendirent un sermon
très pathétique, suivi d'une belle musique en faux-
bourdon. Candide fut fessé en cadence, pendant
qu'on chantait ; le Biscayen et les deux hommes
qui n'avaient point voulu manger de lard furent
brûlés, et Pangloss fut pendu, quoique ce ne soit
pas la coutume. Le même jour, la terre trembla de
nouveau avec un fracas épouvantable.

Candide, épouvanté, interdit, éperdu, tout
sanglant, tout palpitant, se disait à lui-même : « Si
c'est ici le meilleur des mondes possibles, que sont
donc les autres ? Passe encore si je n'étais que
fessé, je l'ai été chez les Bulgares ; mais, ô mon
cher Pangloss ! le plus grand des philosophes, faut-
il vous avoir vu pendre sans que je sache pourquoi !
O mon cher anabaptiste ! le meilleur des hommes,
faut-il que vous ayez été noyé dans le port ! O made-
moiselle Cunégonde ! la perle des filles, faut-il qu'on
vous ait fendu le ventre ! »

Il s'en retournait se soutenant à peine, prêché,
fessé, absous et béni, lorsqu'une vieille l'aborda
et lui dit : « Mon fils, prenez courage, suivez-moi. »

CHAPITRE VII

COMMENT UNE VIEILLE PRIT SOIN DE CANDIDE, ET
COMMENT IL RETROUVA CE QU'IL AIMAIT

CANDIDE ne prit point courage, mais il suivit la vieille dans une masure : elle lui donna un pot de pommade pour se frotter, lui laissa à manger et à boire ; elle lui montra un petit lit assez propre ; il y avait auprès du lit un habit complet. « Mangez, buvez, dormez, lui dit-elle, et que Notre-Dame d'Atocha, monseigneur saint Antoine de Padoue et monseigneur saint Jacques de Compostelle prennent soin de vous : je reviendrai demain. » Candide, toujours étonné de tout ce qu'il avait vu, de tout ce qu'il avait souffert, et encore plus de la charité de la vieille, voulut lui baiser la main. « Ce n'est pas ma main qu'il faut baiser, dit la vieille ; je reviendrai demain. Frottez-vous de pommade, mangez et dormez. »

Candide, malgré tant de malheurs, mangea et dormit. Le lendemain la vieille lui apporte à déjeuner, visite son dos, le frotte elle-même d'une autre pommade ; elle lui apporte ensuite à dîner ; elle revient sur le soir, et apporte à souper. Le surlendemain, elle fit encore les mêmes cérémonies. « Qui êtes-vous ? lui disait toujours Candide ; qui vous a inspiré tant de bonté ? quelles grâces puis-je vous rendre ? » La bonne femme ne répondait jamais rien : elle revint sur le soir et n'apporta point à

souper. « Venez avec moi, dit-elle, et ne dites mot. » Elle le prend sous le bras, et marche avec lui dans la campagne environ un quart de mille : ils arrivent à une maison isolée, entourée de jardins et de canaux. La vieille frappe à une petite porte. On ouvre ; elle mène Candide, par un escalier dérobé, dans un cabinet doré, le laisse sur un canapé de brocart, referme la porte et s'en va. Candide croyait rêver, et regardait toute sa vie comme un songe funeste, et le moment présent comme un songe agréable.

La vieille reparut bientôt ; elle soutenait avec peine une femme tremblante, d'une taille majestueuse, brillante de pierreries et couverte d'un voile. « Otez ce voile », dit la vieille à Candide. Le jeune homme approche ; il lève le voile d'une main timide. Quel moment ! quelle surprise ! il croit voir M^{lle} Cunégonde ; il la voyait en effet, c'était elle-même. La force lui manque, il ne peut proférer une parole, il tombe à ses pieds. Cunégonde tombe sur le canapé. La vieille les accable d'eaux spiritueuses ; ils reprennent leurs sens, ils se parlent : ce sont d'abord des mots entrecoupés, des demandes et des réponses qui se croisent, des soupirs, des larmes, des cris. La vieille leur recommande de faire moins de bruit et les laisse en liberté. « Quoi ! c'est vous, lui dit Candide, vous vivez, je vous retrouve en Portugal ! On ne vous a donc pas violée ? On ne vous a donc point fendu le ventre, comme le philosophe Pangloss me l'avait assuré ? — Si fait, dit la belle Cunégonde ; mais

on ne meurt pas toujours de ces deux accidents.
— Mais votre père et votre mère ont-ils été tués?
— Il n'est que trop vrai, dit Cunégonde en pleu-
rant. — Et votre frère? — Mon frère a été tué
aussi. — Et pourquoi êtes-vous en Portugal? et
comment avez-vous su que j'y étais? et par quelle
étrange aventure m'avez-vous fait conduire dans
cette maison? — Je vous dirai tout cela, répliqua
la dame; mais il faut auparavant que vous m'ap-
preniez tout ce qui vous est arrivé depuis le baiser
innocent que vous me donnâtes et les coups de
pied que vous reçûtes. »

Candide lui obéit avec un profond respect; et,
quoiqu'il fût interdit, quoique sa voix fût faible et
tremblante, quoique l'échine lui fît encore un peu
mal, il lui raconta de la manière la plus naïve tout
ce qu'il avait éprouvé depuis le moment de leur
séparation. Cunégonde levait les yeux au ciel:
elle donna des larmes à la mort du bon anabaptiste
et de Pangloss; après quoi elle parla en ces termes
à Candide, qui ne perdait pas une parole, et qui la
dévorait des yeux.

CHAPITRE VIII

HISTOIRE DE CUNÉGONDE

J'ÉTAIS dans mon lit et je dormais profondément, quand il plut au Ciel d'envoyer les Bulgares dans notre beau château de Thunder-ten-tronckh ; ils égorgèrent mon père et mon frère, et coupèrent ma mère par morceaux. Un grand Bulgare, haut de six pieds, voyant qu'à ce spectacle j'avais perdu connaissance, se mit à me violer ; cela me fit revenir, je repris mes sens, je criai, je me débattis, je mordis, j'égratignai, je voulais arracher les yeux à ce grand Bulgare, ne sachant pas que tout ce qui arrivait dans le château de mon père était une chose d'usage : le brutal me donna un coup de couteau dans le flanc gauche dont je porte encore la marque. — Hélas ! j'espère bien la voir, dit le naïf Candide. — Vous la verrez, dit Cunégonde ; mais continuons. — Continuez », dit Candide.

Elle reprit ainsi le fil de son histoire : « Un capitaine bulgare entra, il me vit toute sanglante, et le soldat ne se dérangeait pas. Le capitaine se mit en colère du peu de respect que lui témoignait ce brutal, et le tua sur mon corps. Ensuite il me fit panser, et m'emmena prisonnière de guerre dans son quartier. Je blanchissais le peu de chemises qu'il avait, je faisais sa cuisine ; il me trouvait fort jolie, il faut l'avouer ; et je ne nierai pas qu'il ne

fût très bien fait, et qu'il n'eût la peau blanche et douce ; d'ailleurs peu d'esprit, peu de philosophie : on voyait bien qu'il n'avait pas été élevé par le docteur Pangloss. Au bout de trois mois, ayant perdu tout son argent et s'étant dégoûté de moi, il me vendit à un juif nommé don Issachar, qui trafiquait en Hollande et en Portugal, et qui aimait passionnément les femmes. Ce juif s'attacha beaucoup à ma personne, mais il ne pouvait en triompher ; je lui ai mieux résisté qu'au soldat bulgare : une personne d'honneur peut être violée une fois, mais sa vertu s'en affermit. Le juif, pour m'apprivoiser, me mena dans cette maison de campagne que vous voyez. J'avais cru jusque-là qu'il n'y avait rien sur la terre de si beau que le château de Thunder-ten-tronckh ; j'ai été détrompée.

« Le grand inquisiteur m'aperçut un jour à la messe ; il me lorgna beaucoup, et me fit dire qu'il avait à me parler pour des affaires secrètes. Je fus conduite à son palais ; je lui appris ma naissance ; il me représenta combien il était au-dessous de mon rang d'appartenir à un israélite. On proposa de sa part à don Issachar de me céder à monseigneur. Don Issachar, qui est le banquier de la cour et homme de crédit, n'en voulut rien faire. L'inquisiteur le menaça d'un auto-da-fé. Enfin mon juif, intimidé, conclut un marché par lequel la maison et moi leur appartiendraient à tous deux en commun ; que le juif aurait pour lui les lundis, mercredis et le jour du sabbat, et que

l'inquisiteur aurait les autres jours de la semaine. Il y a six mois que cette convention subsiste. Ce n'a pas été sans querelles : car souvent il a été indécis si la nuit du samedi au dimanche appartenait à l'ancienne loi ou à la nouvelle. Pour moi, j'ai résisté jusqu'à présent à toutes les deux ; et je crois que c'est pour cette raison que j'ai toujours été aimée.

« Enfin, pour détourner le fléau des tremblements de terre et pour intimider don Issachar, il plut à monseigneur l'inquisiteur de célébrer un auto-da-fé. Il me fit l'honneur de m'y inviter Je fus très bien placée ; on servit aux dames des rafraîchissements entre la messe et l'exécution. Je fus, à la vérité, saisie d'horreur en voyant brûler ces deux juifs et cet honnête Biscayen qui avait épousé sa commère ; mais quelle fut ma surprise, mon effroi, mon trouble, quand je vis, dans un san-benito et sous une mitre, une figure qui ressemblait à celle de Pangloss. Je me frottai les yeux, je regardai attentivement, je le vis pendre ; je tombai en faiblesse. A peine reprenais-je mes sens que je vous vis dépouillé tout nu : ce fut là le comble de l'horreur, de la consternation, de la douleur, du désespoir. Je vous dirai, avec vérité, que votre peau est encore plus blanche et d'un incarnat plus parfait que celle de mon capitaine des Bulgares. Cette vue redoubla tous les sentiments qui m'accablaient, qui me dévoraient. Je m'écriai, je voulus dire : « Arrêtez, barbares ! » mais la voix me manqua, et mes cris auraient été

inutiles. Quand vous eûtes été bien fessé : « Com-
« ment se peut-il faire, disais-je, que l'aimable Can-
« dide et le sage Pangloss se trouvent à Lisbonne,
« l'un pour recevoir cent coups de fouet, et
« l'autre pour être pendu par l'ordre de mon-
« seigneur l'inquisiteur, dont je suis la bien-
« aimée ? Pangloss m'a donc bien cruellement
« trompée quand il me disait que tout va le mieux
« du monde. »

« Agitée, éperdue, tantôt hors de moi-même, et
tantôt prête de mourir de faiblesse, j'avais la tête
remplie du massacre de mon père, de ma mère,
de mon frère, de l'insolence de mon vilain soldat
bulgare, du coup de couteau qu'il me donna, de
ma servitude, de mon métier de cuisinière, de mon
capitaine bulgare, de mon vilain don Issachar, de
mon abominable inquisiteur, de la pendaison du
docteur Pangloss, de ce grand *miserere* en faux-
bourdon pendant lequel on vous fessait, et surtout
du baiser que je vous avais donné derrière un
paravent, le jour que je vous avais vu pour la
dernière fois. Je louai Dieu qui vous ramenait à
moi par tant d'épreuves. Je recommandai à ma
vieille d'avoir soin de vous, et de vous amener
ici dès qu'elle le pourrait. Elle a très bien exécuté
ma commission ; j'ai goûté le plaisir inexprimable
de vous revoir, de vous entendre, de vous parler.
Vous devez avoir une faim dévorante ; j'ai grand
appétit ; commençons par souper. »

Les voilà qui se mettent tous deux à table ; et,
après le souper, ils se replacent sur ce beau

canapé dont on a déjà parlé ; ils y étaient quand le signor don Issachar, l'un des maîtres de la maison, arriva. C'était le jour du sabbat. Il venait jouir de ses droits, et expliquer son tendre amour.

CHAPITRE IX

CE QUI ADVINT DE CUNÉGONDE, DE CANDIDE, DU GRAND INQUISITEUR ET D'UN JUIF

CET Issachar était le plus colérique Hébreu qu'on eût vu dans Israël depuis la captivité en Babylone. « Quoi! dit-il, chienne de Galiléenne, ce n'est pas assez de monsieur l'inquisiteur ? Il faut que ce coquin partage aussi avec moi ? » En disant cela il tire un long poignard dont il était toujours pourvu, et, ne croyant pas que son adverse partie eût des armes, il se jette sur Candide ; mais notre bon Westphalien avait reçu une belle épée de la vieille avec l'habit complet. Il tire son épée, quoiqu'il eût les mœurs fort douces, et vous étend l'Israélite roide mort sur le carreau, aux pieds de la belle Cunégonde.

« Sainte Vierge ! s'écria-t-elle, qu'allons-nous devenir ? Un homme tué chez moi ! si la justice vient, nous sommes perdus. — Si Pangloss n'avait pas été pendu, dit Candide, il nous donnerait un bon conseil dans cette extrémité, car c'était un grand philosophe. A son défaut consultons la vieille. » Elle était fort prudente, et commençait à dire son avis, quand une autre petite porte s'ouvrit. Il était une heure après minuit, c'était le commencement du dimanche. Ce jour appartenait à monseigneur l'inquisiteur. Il entre et voit le fessé Candide l'épée à la main, un mort étendu

par terre, Cunégonde effarée, et la vieille donnant des conseils.

Voici dans ce moment ce qui se passa dans l'âme de Candide, et comment il raisonna : « Si ce saint homme appelle du secours, il me fera infailliblement brûler ; il pourra en faire autant de Cunégonde ; il m'a fait fouetter impitoyablement ; il est mon rival ; je suis en train de tuer, il n'y a pas à balancer. » Ce raisonnement fut net et rapide ; et, sans donner le temps à l'inquisiteur de revenir de sa surprise, il le perce d'outre en outre, et le jette à côté du juif. « En voici bien d'une autre, dit Cunégonde ; il n'y a plus de rémission ; nous sommes excommuniés, notre dernière heure est venue. Comment avez-vous fait, vous qui êtes né si doux, pour tuer en deux minutes un juif et un prélat ? — Ma belle demoiselle, répondit Candide, quand on est amoureux, jaloux et fouetté par l'Inquisition, on ne se connaît plus. »

La vieille prit alors la parole et dit : « Il y a trois chevaux andalous dans l'écurie, avec leurs selles et leurs brides : que le brave Candide les prépare ; madame a des moyadors et des diamants : montons vite à cheval, quoique je ne puisse me tenir que sur une fesse, et allons à Cadix ; il fait le plus beau temps du monde, et c'est un grand plaisir de voyager pendant la fraîcheur de la nuit. »

Aussitôt Candide selle les trois chevaux. Cunégonde, la vieille et lui font trente milles d'une traite. Pendant qu'ils s'éloignaient, la sainte

Hermandad arrive dans la maison ; on enterre monseigneur dans une belle église, et on jette Issachar à la voirie.

Candide, Cunégonde et la vieille étaient déjà dans la petite ville d'Avacéna, au milieu des montagnes de la Sierra-Morena ; et ils parlaient ainsi dans un cabaret.

CHAPITRE X

Qui a donc pu me voler mes pistoles et mes diamants? disait en pleurant Cunégonde ; de quoi vivrons-nous? comment ferons-nous? où trouver des inquisiteurs et des juifs qui m'en donnent d'autres ? — Hélas ! dit la vieille, je soupçonne fort un révérend père cordelier qui coucha hier dans la même auberge que nous à Badajoz ; Dieu me garde de faire un jugement téméraire ! mais il entra deux fois dans notre chambre, et il partit longtemps avant nous. — Hélas ! dit Candide, le bon Pangloss m'avait souvent prouvé que les biens de la terre sont communs à tous les hommes, que chacun y a un droit égal. Ce cordelier devait bien, suivant ces principes, nous laisser de quoi achever notre voyage. Il ne vous reste donc rien du tout, ma belle Cunégonde ? — Pas un maravédis, dit-elle. — Quel parti prendre ? dit Candide. — Vendons un des chevaux, dit la vieille ; je monterai en croupe derrière mademoiselle, quoique je ne puisse me tenir que sur une fesse, et nous arriverons à Cadix. »

Il y avait dans la même hôtellerie un prieur de bénédictins ; il acheta le cheval bon marché. Candide, Cunégonde et la vieille passèrent par Lucena, par Chillas, par Lebrixa, et arrivèrent

enfin à Cadix. On y équipait une flotte, et on y assemblait des troupes pour mettre à la raison les révérends pères jésuites du Paraguay, qu'on accusait d'avoir fait révolter une de leurs hordes contre les rois d'Espagne et de Portugal, auprès de la ville du Saint-Sacrement. Candide, ayant servi chez les Bulgares, fit l'exercice bulgarien devant le général de la petite armée avec tant de grâce, de célérité, d'adresse, de fierté, d'agilité, qu'on lui donna une compagnie d'infanterie à commander. Le voilà capitaine ; il s'embarque avec M^{lle} Cunégonde, la vieille, deux valets, et les deux chevaux andalous qui avaient appartenu à monsieur le grand inquisiteur de Portugal.

Pendant toute la traversée ils raisonnèrent beaucoup sur la philosophie du pauvre Pangloss. « Nous allons dans un autre univers, disait Candide ; c'est dans celui-là sans doute que tout est bien : car il faut avouer qu'on pourrait gémir un peu de ce qui se passe dans le nôtre en physique et en morale. — Je vous aime de tout mon cœur, disait Cunégonde ; mais j'ai encore l'âme tout effarouchée de ce que j'ai vu, de ce que j'ai éprouvé. — Tout ira bien, répliquait Candide ; la mer de ce nouveau monde vaut déjà mieux que les mers de notre Europe ; elle est plus calme, les vents plus constants. C'est certainement le nouveau monde qui est le meilleur des univers possibles. — Dieu le veuille ! disait Cunégonde ; mais j'ai été si horriblement malheureuse dans le mien que mon cœur est presque fermé à l'espérance.

— Vous vous plaignez, leur dit la vieille ; hélas ! vous n'avez pas éprouvé des infortunes telles que les miennes. » Cunégonde se mit presque à rire, et trouva cette bonne femme fort plaisante de prétendre être plus malheureuse qu'elle. « Hélas ! lui dit-elle, ma bonne, à moins que vous n'ayez été violée par deux Bulgares, que vous n'ayez reçu deux coups de couteau dans le ventre, qu'on n'ait démoli deux de vos châteaux, qu'on n'ait égorgé à vos yeux deux mères et deux pères, et que vous n'ayez vu deux de vos amants fouettés dans un auto-da-fé, je ne vois pas que vous puissiez l'emporter sur moi ; ajoutez que je suis née baronne avec soixante et douze quartiers, et que j'ai été cuisinière. — Mademoiselle, répondit la vieille, vous ne savez pas quelle est ma naissance ; et, si je vous montrais mon derrière, vous ne parleriez pas comme vous faites, et vous suspendriez votre jugement. » Ce discours fit naître une extrême curiosité dans l'esprit de Cunégonde et de Candide. La vieille leur parla en ces termes.

CHAPITRE XI

HISTOIRE DE LA VIEILLE

JE n'ai pas eu toujours les yeux éraillés et bordés d'écarlate ; mon nez n'a pas toujours touché à mon menton, et je n'ai pas toujours été servante. Je suis la fille du pape Urbain X et de la princesse de Palestrine[1]. On m'éleva jusqu'à quatorze ans dans un palais auquel tous les châteaux de vos barons allemands n'auraient pas servi d'écurie ; et une de mes robes valait mieux que toutes les magnificences de la Westphalie. Je croissais en beauté, en grâces, en talents, au milieu des plaisirs, des respects et des espérances : j'inspirais déjà de l'amour ; ma gorge se formait ; et quelle gorge ! blanche, ferme, taillée comme celle de la Vénus de Médicis ; et quels yeux ! quelles paupières ! quels sourcils noirs ! quelles flammes brillaient dans mes deux prunelles, et effaçaient la scintillation des étoiles, comme me disaient les poètes du quartier. Les femmes qui m'habillaient et qui me déshabillaient tombaient en extase en me regardant par devant et par derrière ; et tous les hommes auraient voulu être à leur place.

« Je fus fiancée à un prince souverain de Massa-

1. Beuchot a inséré ici cette note posthume de Voltaire, rapportée par Decroix : « Voyez l'extrême discrétion de l'auteur ; il n'y eut jusqu'à présent aucun pape nommé Urbain X. Quelle circonspection ! Quelle délicatesse de conscience ! »

Carrara : quel prince ! aussi beau que moi, pétri de douceur et d'agréments, brillant d'esprit et brûlant d'amour ; je l'aimais comme on aime pour la première fois, avec idolâtrie, avec emportement. Les noces furent préparées : c'était une pompe, une magnificence inouïe ; c'étaient des fêtes, des carrousels, des opéra-buffa continuels ; et toute l'Italie fit pour moi des sonnets dont il n'y eut pas un seul de passable. Je touchais au moment de mon bonheur, quand une vieille marquise qui avait été maîtresse de mon prince l'invita à prendre du chocolat chez elle : il mourut en moins de deux heures avec des convulsions épouvantables ; mais ce n'est qu'une bagatelle. Ma mère, au désespoir, et bien moins affligée que moi, voulut s'arracher pour quelque temps à un séjour si funeste. Elle avait une très belle terre auprès de Gaïète ; nous nous embarquâmes sur une galère du pays, dorée comme l'autel de Saint-Pierre de Rome. Voilà qu'un corsaire de Salé fond sur nous et nous aborde ; nos soldats se défendirent comme des soldats du pape : ils se mirent tous à genoux en jetant leurs armes, et en demandant au corsaire une absolution *in articulo mortis*.

« Aussitôt on les dépouilla nus comme des singes, et ma mère aussi, nos filles d'honneur aussi, et moi aussi. C'est une chose admirable que la diligence avec laquelle ces messieurs déshabillent le monde ; mais ce qui me surprit davantage, c'est qu'ils nous mirent à tous le doigt dans un endroit où nous autres femmes nous ne nous

laissons mettre d'ordinaire que des canules. Cette cérémonie me paraissait bien étrange : voilà comme on juge de tout quand on n'est pas sorti de son pays. J'appris bientôt que c'était pour voir si nous n'avions pas caché là quelques diamants : c'est un usage établi de temps immémorial parmi les nations policées qui courent sur mer. J'ai su que messieurs les religieux chevaliers de Malte n'y manquent jamais quand ils prennent des Turcs et des Turques ; c'est une loi du droit des gens à laquelle on n'a jamais dérogé.

« Je ne vous dirai point combien il est dur pour une jeune princesse d'être menée esclave à Maroc avec sa mère ; vous concevez assez tout ce que nous eûmes à souffrir dans le vaisseau corsaire. Ma mère était encore très belle ; nos filles d'honneur, nos simples femmes de chambre, avaient plus de charmes qu'on n'en peut trouver dans toute l'Afrique ; pour moi, j'étais ravissante, j'étais la beauté, la grâce même, et j'étais pucelle ; je ne le fus pas longtemps : cette fleur, qui avait été réservée pour le beau prince de Massa-Carrara, me fut ravie par le capitaine corsaire ; c'était un nègre abominable, qui croyait encore me faire beaucoup d'honneur. Certes il fallait que M^{me} la princesse de Palestrine et moi fussions bien fortes pour résister à ce que nous éprouvâmes jusqu'à notre arrivée à Maroc ! Mais passons ; ce sont des choses si communes qu'elles ne valent pas la peine qu'on en parle.

« Maroc nageait dans le sang quand nous

arrivâmes. Cinquante fils de l'empereur Muley-Ismaël avaient chacun leur parti : ce qui produisait en effet cinquante guerres civiles, de noirs contre noirs, de noirs contre basanés, de basanés contre basanés, de mulâtres contre mulâtres. C'était un carnage continuel dans toute l'étendue de l'empire.

« A peine fûmes-nous débarqués que des noirs d'une faction ennemie de celle de mon corsaire se présentèrent pour lui enlever son butin. Nous étions, après les diamants et l'or, ce qu'il avait de plus précieux. Je fus témoin d'un combat tel que vous n'en voyez jamais dans vos climats d'Europe. Les peuples septentrionaux n'ont pas le sang assez ardent; ils n'ont pas la rage des femmes au point où elle est commune en Afrique. Il semble que vos Européens aient du lait dans les veines; c'est du vitriol, c'est du feu, qui coule dans celles des habitants du mont Atlas et des pays voisins. On combattit avec la fureur des lions, des tigres et des serpents de la contrée, pour savoir à qui nous aurait. Un Maure saisit ma mère par le bras droit, le lieutenant de mon capitaine la retint par le bras gauche; un soldat maure la prit par une jambe, un de nos pirates la tenait par l'autre. Nos filles se trouvèrent presque toutes en un moment tirées ainsi à quatre soldats. Mon capitaine me tenait cachée derrière lui; il avait le cimeterre au poing, et tuait tout ce qui s'opposait à sa rage. Enfin, je vis toutes nos Italiennes et ma mère déchirées, coupées, massacrées par les monstres qui se les

disputaient. Les captifs mes compagnons, ceux qui les avaient pris, soldats, matelots, noirs, basanés, blancs, mulâtres, et enfin mon capitaine, tout fut tué, et je demeurai mourante sur un tas de morts. Des scènes pareilles se passaient, comme on sait, dans l'étendue de plus de trois cents lieues, sans qu'on manquât aux cinq prières par jour ordonnées par Mahomet.

« Je me débarrassai avec beaucoup de peine de la foule de tant de cadavres sanglants entassés, et je me traînai sous un grand oranger au bord d'un ruisseau voisin ; j'y tombai d'effroi, de lassitude, d'horreur, de désespoir et de faim. Bientôt après, mes sens accablés se livrèrent à un sommeil qui tenait plus de l'évanouissement que du repos. J'étais dans cet état de faiblesse et d'insensibilité, entre la mort et la vie, quand je me sentis pressée de quelque chose qui s'agitait sur mon corps ; j'ouvris les yeux, je vis un homme blanc et de bonne mine qui soupirait et qui disait entre ses dents : *O che sciagura d'essere senza c.....!*

CHAPITRE XII

ÉTONNÉE et ravie d'entendre la langue de ma
patrie, et non moins surprise des paroles que
proférait cet homme, je lui répondis qu'il y avait
de plus grands malheurs que celui dont il se plai-
gnait ; je l'instruisis en peu de mots des horreurs
que j'avais essuyées, et je retombai en faiblesse.
Il m'emporta dans une maison voisine, me fit mettre
au lit, me fit donner à manger, me servit, me con-
sola, me flatta, me dit qu'il n'avait rien vu de si
beau que moi, et que jamais il n'avait tant regretté
ce que personne ne pouvait lui rendre. « Je suis né
« à Naples, me dit-il ; on y chaponne deux ou trois
« mille enfants tous les ans ; les uns en meurent,
« les autres acquièrent une voix plus belle que
« celle des femmes, les autres vont gouverner des
« États. On me fit cette opération avec un très
« grand succès, et j'ai été musicien de la chapelle
« de M^{me} la princesse de Palestrine. — De ma
« mère, m'écriai-je. — De votre mère ! s'écria-t-il
« en pleurant ; quoi ! vous seriez cette jeune prin-
« cesse que j'ai élevée jusqu'à l'âge de six ans, et
« qui promettait déjà d'être aussi belle que vous
« êtes ? — C'est moi-même ; ma mère est à quatre
« cents pas d'ici, coupée en quartiers sous un tas
« de morts... »

« Je lui contai tout ce qui m'était arrivé ; il me

conta aussi ses aventures, et m'apprit comment il avait été envoyé chez le roi de Maroc par une puissance chrétienne, pour conclure avec ce monarque un traité par lequel on lui fournirait de la poudre, des canons et des vaisseaux, pour l'aider à exterminer le commerce des autres chrétiens. « Ma « mission est faite, dit cet honnête eunuque; je « vais m'embarquer à Ceuta, et je vous ramènerai « en Italie. *Ma che sciagura d'essere senza c.....!* »

« Je le remerciai avec des larmes d'attendrissement; et, au lieu de me mener en Italie, il me conduisit à Alger, et me vendit au dey de cette province. A peine fus-je vendue que cette peste qui a fait le tour de l'Afrique, de l'Asie et de l'Europe, se déclara dans Alger avec fureur. Vous avez vu des tremblements de terre; mais, Mademoiselle, avez-vous jamais eu la peste? — Jamais, répondit la baronne. — Si vous l'aviez eue, reprit la vieille, vous avoueriez qu'elle est bien au-dessus d'un tremblement de terre. Elle est fort commune en Afrique; j'en fus attaquée. Figurez-vous quelle situation pour la fille d'un pape, âgée de quinze ans, qui en trois mois de temps avait éprouvé la pauvreté, l'esclavage, avait été violée presque tous les jours, avait vu couper sa mère en quatre, avait essuyé la faim et la guerre, et mourait pestiférée dans Alger. Je n'en mourus pourtant pas; mais mon eunuque et le dey, et presque tout le sérail d'Alger, périrent.

« Quand les premiers ravages de cette épouvantable peste furent passés, on vendit les esclaves

du dey. Un marchand m'acheta et me mena à
Tunis; il me vendit à un autre marchand, qui me
revendit à Tripoli; de Tripoli je fus revendue à
Alexandrie, d'Alexandrie revendue à Smyrne, de
Smyrne à Constantinople. J'appartins enfin à un
aga des janissaires, qui fut bientôt commandé pour
aller défendre Azof contre les Russes qui l'as-
siégeaient.

« L'aga, qui était un très galant homme, mena
avec lui tout son sérail, et nous logea dans un
petit fort sur les Palus-Méotides, gardé par deux
eunuques noirs et vingt soldats. On tua prodi-
gieusement de Russes, mais ils nous le rendirent
bien. Azof fut mis à feu et à sang, et on ne par-
donna ni au sexe ni à l'âge ; il ne resta que notre
petit fort ; les ennemis voulurent nous prendre
par famine. Les vingt janissaires avaient juré de
ne se jamais rendre. Les extrémités de la faim où
ils furent réduits les contraignirent à manger nos
deux eunuques, de peur de violer leur serment.
Au bout de quelques jours, ils résolurent de manger
les femmes.

« Nous avions un iman très pieux et très com-
patissant, qui leur fit un beau sermon par lequel
il leur persuada de ne nous pas tuer tout à fait.
« Coupez, dit-il, seulement une fesse à chacune
« de ces dames, vous ferez très bonne chère ; s'il
« faut y revenir, vous en aurez encore autant dans
« quelques jours ; le Ciel vous saura gré d'une
« action si charitable, et vous serez secourus. »
« Il avait beaucoup d'éloquence ; il les persuada.

On nous fit cette horrible opération; l'iman nous appliqua le même baume qu'on met aux enfants qu'on vient de circoncire : nous étions toutes à la mort.

« A peine les janissaires eurent-ils fait le repas que nous leur avions fourni que les Russes arrivent sur des bateaux plats; il ne réchappa pas un janissaire. Les Russes ne firent aucune attention à l'état où nous étions. Il y a partout des chirurgiens français; un d'eux, qui était fort adroit, prit soin de nous; il nous guérit, et je me souviendrai toute ma vie que, quand mes plaies furent bien fermées, il me fit des propositions. Au reste, il nous dit à toutes de nous consoler; il nous assura que dans plusieurs sièges pareille chose était arrivée, et que c'était la loi de la guerre.

« Dès que mes compagnes purent marcher, on les fit aller à Moscou. J'échus en partage à un boyard qui me fit sa jardinière, et qui me donnait vingt coups de fouet par jour. Mais ce seigneur ayant été roué au bout de deux ans avec une trentaine de boyards pour quelque tracasserie de cour, je profitai de cette aventure; je m'enfuis; je traversai toute la Russie; je fus longtemps servante de cabaret à Riga, puis à Rostock, à Wismar, à Leipsick, à Cassel, à Utrecht, à Leyde, à La Haye, à Rotterdam : j'ai vieilli dans la misère et dans l'opprobre, n'ayant que la moitié d'un derrière, me souvenant toujours que j'étais fille d'un pape; je voulus cent fois me tuer, mais j'aimais encore la vie. Cette faiblesse ridicule est peut-être

un de nos penchants les plus funestes : car y a-t-il rien de plus sot que de vouloir porter continuellement un fardeau qu'on veut toujours jeter par terre ; d'avoir son être en horreur, et de tenir à son être ; enfin de caresser le serpent qui nous dévore, jusqu'à ce qu'il nous ait mangé le cœur ?

« J'ai vu dans les pays que le sort m'a fait parcourir, et dans les cabarets où j'ai servi, un nombre prodigieux de personnes qui avaient leur existence en exécration ; mais je n'en ai vu que douze qui avaient mis volontairement fin à leur misère : trois nègres, quatre Anglais, quatre Genevois et un professeur allemand nommé Robeck. J'ai fini par être servante chez le juif don Issachar ; il me mit auprès de vous, ma belle demoiselle ; je me suis attachée à votre destinée, et j'ai été plus occupée de vos aventures que des miennes. Je ne vous aurais même jamais parlé de mes malheurs, si vous ne m'aviez pas un peu piquée, et s'il n'était d'usage dans un vaisseau de conter des histoires pour se désennuyer. Enfin, Mademoiselle, j'ai de l'expérience, je connais le monde ; donnez-vous un plaisir, engagez chaque passager à vous conter son histoire ; et s'il s'en trouve un seul qui n'ait souvent maudit sa vie, qui ne se soit souvent dit à lui-même qu'il était le plus malheureux des hommes, jetez-moi dans la mer la tête la première. »

CHAPITRE XIII

LA belle Cunégonde, ayant entendu l'histoire de
la vieille, lui fit toutes les politesses qu'on
devait à une personne de son rang et de son
mérite. Elle accepta la proposition; elle engagea
tous les passagers l'un après l'autre à lui conter
leurs aventures. Candide et elle avouèrent que la
vieille avait raison. « C'est bien dommage, disait
Candide, que le sage Pangloss ait été pendu contre
la coutume dans un auto-da-fé; il nous dirait des
choses admirables sur le mal physique et sur le
mal moral qui couvrent la terre et la mer, et je
me sentirais assez de force pour oser lui faire res-
pectueusement quelques objections. »

A mesure que chacun racontait son histoire, le
vaisseau avançait. On aborda dans Buenos-Ayres.
Cunégonde, le capitaine Candide et la vieille allè-
rent chez le gouverneur Don Fernando d'Ibaraa,
y Figueora, y Mascarenes, y Lampourdos, y
Souza. Ce seigneur avait une fierté convenable à
un homme qui portait tant de noms. Il parlait aux
hommes avec le dédain le plus noble, portant le
nez si haut, élevant si impitoyablement la voix, pre-
nant un ton si imposant, affectant une démarche
si altière, que tous ceux qui le saluaient étaient

tentés de le battre. Il aimait les femmes à la fureur. Cunégonde lui parut ce qu'il avait jamais vu de plus beau. La première chose qu'il fit fut de demander si elle n'était point la femme du capitaine. L'air dont il fit cette question alarma Candide ; il n'osa pas dire qu'elle était sa femme, parce qu'en effet, elle ne l'était point ; il n'osait pas dire que c'était sa sœur, parce qu'elle ne l'était pas non plus ; et quoique ce mensonge officieux eût été autrefois très à la mode chez les anciens, et qu'il pût être utile aux modernes, son âme était trop pure pour trahir la vérité. « M^{lle} Cunégonde, dit-il, doit me faire l'honneur de m'épouser, et nous supplions Votre Excellence de daigner faire notre noce. »

Don Fernando d'Ibaraa, y Figueora, y Mascarenes, y Lampourdos, y Souza, relevant sa moustache, sourit amèrement, et ordonna au capitaine Candide d'aller faire la revue de sa compagnie. Candide obéit ; le gouverneur demeura avec M^{lle} Cunégonde. Il lui déclara sa passion, lui protesta que le lendemain il l'épouserait à la face de l'Église, ou autrement, ainsi qu'il plairait à ses charmes. Cunégonde lui demanda un quart d'heure pour se recueillir, pour consulter la vieille et pour se déterminer.

La vieille dit à Cunégonde : « Mademoiselle, vous avez soixante et douze quartiers, et pas une obole ; il ne tient qu'à vous d'être la femme du plus grand seigneur de l'Amérique méridionale, qui a une très belle moustache ; est-ce à vous de

vous piquer d'une fidélité à toute épreuve? Vous
avez été violée par les Bulgares; un juif et un
inquisiteur ont eu vos bonnes grâces : les mal-
heurs donnent des droits. J'avoue que, si j'étais à
votre place, je ne ferais aucun scrupule d'épouser
monsieur le gouverneur et de faire la fortune de
M. le capitaine Candide. » Tandis que la vieille
parlait avec toute la prudence que l'âge et l'expé-
rience donnent, on vit entrer dans le port un petit
vaisseau; il portait un alcade et des alguazils, et
voici ce qui était arrivé.

La vieille avait très bien deviné que ce fut un
cordelier à la grande manche qui vola l'argent et
les bijoux de Cunégonde dans la ville de Badajoz,
lorsqu'elle fuyait avec Candide. Ce moine voulut
vendre quelques-unes des pierreries à un joaillier.
Le marchand les reconnut pour celles du grand
inquisiteur. Le cordelier, avant d'être pendu,
avoua qu'il les avait volées : il indiqua les per-
sonnes et la route qu'elles prenaient. La fuite de
Cunégonde et de Candide était déjà connue. On
les suivit à Cadix; on envoya, sans perdre temps,
un vaisseau à leur poursuite. Le vaisseau était
déjà dans le port de Buenos-Ayres. Le bruit se
répandit qu'un alcade allait débarquer, et qu'on
poursuivait les meurtriers de monseigneur le grand
inquisiteur. La prudente vieille vit dans l'instant
tout ce qui était à faire. « Vous ne pouvez fuir,
dit-elle à Cunégonde, et vous n'avez rien à craindre;
ce n'est pas vous qui avez tué monseigneur; et
d'ailleurs le gouverneur, qui vous aime, ne souffrira

pas qu'on vous maltraite; demeurez. » Elle court
sur-le-champ à Candide : « Fuyez, dit-elle, ou
dans une heure vous allez être brûlé. » Il n'y avait
pas un moment à perdre; mais comment se séparer
de Cunégonde, et où se réfugier?

CHAPITRE XIV

COMMENT CANDIDE ET CACAMBO FURENT REÇUS CHEZ
LES JÉSUITES DU PARAGUAY

CANDIDE avait amené de Cadix un valet tel qu'on
en trouve beaucoup sur les côtes d'Espagne et
dans les colonies. C'était un quart d'Espagnol,
né d'un métis, dans le Tucuman ; il avait été enfant
de chœur, sacristain, matelot, moine, facteur, sol-
dat, laquais. Il s'appelait Cacambo, et aimait fort
son maître, parce que son maître était un fort bon
homme. Il sella au plus vite les deux chevaux anda-
lous. « Allons, mon maître, suivons le conseil de la
vieille ; partons, et courons sans regarder derrière
nous. » Candide versa des larmes. « O ma chère
Cunégonde ! faut-il vous abandonner dans le temps
que monsieur le gouverneur va faire nos noces !
Cunégonde amenée de si loin, que deviendrez-vous ?
— Elle deviendra ce qu'elle pourra, dit Cacambo ;
les femmes ne sont jamais embarrassées d'elles ;
Dieu y pourvoit ; courons. — Où me mènes-tu ?
où allons-nous ? que ferons-nous sans Cunégonde ?
disait Candide. — Par saint Jacques de Compos-
telle, dit Cacambo, vous alliez faire la guerre aux
jésuites ; allons la faire pour eux ; je sais assez les
chemins, je vous mènerai dans leur royaume, ils
seront charmés d'avoir un capitaine qui fasse l'exer-
cice à la bulgare ; vous ferez une fortune prodi-
gieuse ; quand on n'a pas son compte dans un monde,

on le trouve dans un autre. C'est un très grand plaisir de voir et de faire des choses nouvelles. — Tu as donc été dans le Paraguay? dit Candide. — Eh vraiment oui! dit Cacambo; j'ai été cuistre dans le collège de l'Assomption, et je connais le gouvernement de *los padres* comme je connais les rues de Cadix. C'est une chose admirable que ce gouvernement. Le royaume a déjà plus de trois cents lieues de diamètre; il est divisé en trente provinces. *Los padres* y ont tout, et les peuples rien; c'est le chef-d'œuvre de la raison et de la justice. Pour moi, je ne vois rien de si divin que *los padres*, qui font ici la guerre au roi d'Espagne et au roi de Portugal, et qui en Europe confessent ces rois; qui tuent ici des Espagnols, et qui à Madrid les envoient au ciel : cela me ravit; avançons : vous allez être le plus heureux de tous les hommes. Quel plaisir auront *los padres* quand ils sauront qu'il leur vient un capitaine qui sait l'exercice bulgare! »

Dès qu'ils furent arrivés à la première barrière, Cacambo dit à la garde avancée qu'un capitaine demandait à parler à monseigneur le commandant. On alla avertir la grande garde. Un officier paraguayn courut aux pieds du commandant lui donner part de la nouvelle. Candide et Cacambo furent d'abord désarmés; on se saisit de leurs deux chevaux andalous. Les deux étrangers sont introduits au milieu de deux files de soldats; le commandant était au bout, le bonnet à trois cornes en tête, la robe retroussée, l'épée au côté, l'esponton à la main. Il fit un signe; aussitôt vingt-quatre soldats

entourent les deux nouveaux venus. Un sergent leur
dit qu'il faut attendre, que le commandant ne peut
leur parler, que le révérend père provincial ne
permet pas qu'aucun Espagnol ouvre la bouche
qu'en sa présence, et demeure plus de trois heures
dans le pays. « Et où est le révérend père pro-
vincial? dit Cacambo. — Il est à la parade après
avoir dit sa messe, répondit le sergent, et vous ne
pourrez baiser ses éperons que dans trois heures.
— Mais, dit Cacambo, monsieur le capitaine, qui
meurt de faim comme moi, n'est point Espagnol,
il est Allemand; ne pourrions-nous point déjeuner
en attendant Sa Révérence? »

Le sergent alla sur-le-champ rendre compte de
ce discours au commandant. « Dieu soit béni! dit
ce seigneur; puisqu'il est Allemand, je peux lui
parler; qu'on le mène dans ma feuillée. » Aussitôt
on conduit Candide dans un cabinet de verdure
orné d'une très jolie colonnade de marbre vert et
or, et de treillages qui renfermaient des perroquets,
des colibris, des oiseaux-mouches, des pintades, et
tous les oiseaux les plus rares. Un excellent déjeu-
ner était préparé dans des vases d'or; et tandis
que les Paraguayns mangèrent du maïs dans des
écuelles de bois, en plein champ, à l'ardeur du
soleil, le révérend père commandant entra dans la
feuillée.

C'était un très beau jeune homme, le visage plein,
assez blanc, haut en couleur, le sourcil relevé, l'œil
vif, l'oreille rouge, les lèvres vermeilles, l'air fier,
mais d'une fierté qui n'était ni celle d'un Espagnol

ni celle d'un jésuite. On rendit à Candide et à Cacambo leurs armes, qu'on leur avait saisies, ainsi que les deux chevaux andalous; Cacambo leur fit manger l'avoine auprès de la feuillée, ayant toujours l'œil sur eux, crainte de surprise.

Candide baisa d'abord le bas de la robe du commandant, ensuite ils se mirent à table. « Vous êtes donc Allemand? lui dit le jésuite en cette langue. — Oui, mon révérend père », dit Candide. L'un et l'autre, en prononçant ces paroles, se regardaient avec une extrême surprise et une émotion dont ils n'étaient pas les maîtres. « Et de quel pays d'Allemagne êtes-vous? dit le jésuite. — De la sale province de Westphalie, dit Candide : je suis né dans le château de Thunder-ten-tronckh. — O Ciel! est-il possible! s'écria le commandant. — Quel miracle! s'écria Candide. — Serait-ce vous? dit le commandant. — Cela n'est pas possible », dit Candide. Ils se laissent tomber tous deux à la renverse, ils s'embrassent, ils versent des ruisseaux de larmes. « Quoi? serait-ce vous, mon révérend père? vous, le frère de la belle Cunégonde! vous qui fûtes tué par les Bulgares! vous, le fils de monsieur le baron! vous, jésuite au Paraguay! Il faut avouer que ce monde est une étrange chose. O Pangloss! Pangloss! que vous seriez aise si vous n'aviez pas été pendu! »

Le commandant fit retirer les esclaves nègres et les Paraguayns qui servaient à boire dans des gobelets de cristal de roche. Il remercia Dieu et saint Ignace mille fois; il serrait Candide entre ses bras;

leurs visages étaient baignés de pleurs. « Vous seriez bien plus étonné, plus attendri, plus hors de vous-même, dit Candide, si je vous disais que M^{lle} Cunégonde, votre sœur, que vous avez crue éventrée, est pleine de santé. — Où? — Dans votre voisinage, chez monsieur le gouverneur de Buenos-Ayres; et je venais pour vous faire la guerre. » Chaque mot qu'ils prononcèrent dans cette longue conversation accumulait prodige sur prodige. Leur âme tout entière volait sur leur langue, était attentive dans leurs oreilles et étincelante dans leurs yeux. Comme ils étaient Allemands, ils tinrent table longtemps, en attendant le révérend père provincial; et le commandant parla ainsi à son cher Candide.

CHAPITRE XV

J'AURAI toute ma vie présent à la mémoire le jour horrible où je vis tuer mon père et ma mère, et violer ma sœur. Quand les Bulgares furent retirés, on ne trouva point cette sœur adorable, et on mit dans une charrette ma mère, mon père et moi, deux servantes et trois petits garçons égorgés, pour nous aller enterrer dans une chapelle de jésuites, à deux lieues du château de mes pères. Un jésuite nous jeta de l'eau bénite; elle était horriblement salée; il en entra quelques gouttes dans mes yeux : le père s'aperçut que ma paupière faisait un petit mouvement : il mit la main sur mon cœur et le sentit palpiter; je fus secouru, et au bout de trois semaines il n'y paraissait pas. Vous savez, mon cher Candide, que j'étais fort joli, je le devins encore davantage; aussi le révérend père Croust, supérieur de la maison, prit pour moi la plus tendre amitié : il me donna l'habit de novice; quelque temps après je fus envoyé à Rome. Le père général avait besoin d'une recrue de jeunes jésuites allemands. Les souverains du Paraguay reçoivent le moins qu'ils peuvent de jésuites espagnols; ils aiment mieux les étrangers, dont ils se croient plus maîtres. Je fus jugé propre par le révérend père général pour aller travailler dans

cette vigne. Nous partîmes, un Polonais, un Tyrolien et moi. Je fus honoré, en arrivant, du sous-diaconat et d'une lieutenance; je suis aujourd'hui colonel et prêtre. Nous recevons vigoureusement les troupes du roi d'Espagne; je vous réponds qu'elles seront excommuniées et battues. La Providence vous envoie ici pour nous seconder. Mais est-il bien vrai que ma chère sœur Cunégonde soit dans le voisinage, chez le gouverneur de Buenos-Ayres? » Candide l'assura par serment que rien n'était plus vrai. Leurs larmes recommencèrent à couler.

Le baron ne pouvait se lasser d'embrasser Candide; il l'appelait son frère, son sauveur... « Ah! peut-être, lui dit-il, nous pourrons ensemble, mon cher Candide, entrer en vainqueurs dans la ville et reprendre ma sœur Cunégonde. — C'est tout ce que je souhaite, dit Candide : car je comptais l'épouser, et je l'espère encore. — Vous, insolent! répondit le baron, vous auriez l'impudence d'épouser ma sœur, qui a soixante et douze quartiers! Je vous trouve bien effronté d'oser me parler d'un dessein si téméraire! » Candide, pétrifié d'un tel discours, lui répondit : « Mon révérend père, tous les quartiers du monde n'y font rien; j'ai tiré votre sœur des bras d'un juif et d'un inquisiteur, elle m'a assez d'obligations, elle veut m'épouser. Maître Pangloss m'a toujours dit que les hommes sont égaux, et assurément je l'épouserai. — C'est ce que nous verrons, coquin! » dit le jésuite baron de Thunder-ten-tronckh; et en même temps il lui

donna un grand coup du plat de son épée sur le visage. Candide dans l'instant tire la sienne et l'enfonce jusqu'à la garde dans le ventre du baron jésuite ; mais, en la retirant toute fumante, il se mit à pleurer : « Hélas ! mon Dieu, dit-il, j'ai tué mon ancien maître, mon ami, mon beau-frère ; je suis le meilleur homme du monde, et voilà déjà trois hommes que je tue, et dans ces trois il y a deux prêtres. »

Cacambo, qui faisait sentinelle à la porte de la feuillée, accourut. « Il ne nous reste qu'à vendre cher notre vie, lui dit son maître ; on va sans doute entrer dans la feuillée, il faut mourir les armes à la main. » Cacambo, qui en avait bien vu d'autres, ne perdit point la tête ; il prit la robe de jésuite que portait le baron, la mit sur le corps de Candide, lui donna le bonnet carré du mort, et le fit monter à cheval. Tout cela se fit en un clin d'œil. « Galopons, mon maître ; tout le monde vous prendra pour un jésuite qui va donner des ordres ; et nous aurons passé les frontières avant qu'on puisse courir après nous. » Il volait déjà en prononçant ces paroles, et en criant en espagnol : « Place, place pour le révérend père colonel. »

CHAPITRE XVI

CE QUI ADVINT AUX DEUX VOYAGEURS
AVEC DEUX FILLES, DEUX SINGES, ET LES SAUVAGES
NOMMÉS OREILLONS

CANDIDE et son valet furent au delà des barrières, et personne ne savait encore dans le camp la mort du jésuite allemand. Le vigilant Cacambo avait eu soin de remplir sa valise de pain, de chocolat, de jambon, de fruits, et de quelques mesures de vin. Ils s'enfoncèrent avec leurs chevaux andalous dans un pays inconnu, où ils ne découvrirent aucune route. Enfin une belle prairie entrecoupée de ruisseaux se présenta devant eux. Nos deux voyageurs font repaître leurs montures. Cacambo propose à son maître de manger, et lui en donne l'exemple. « Comment veux-tu, disait Candide, que je mange du jambon, quand j'ai tué le fils de monsieur le baron, et que je me vois condamné à ne revoir la belle Cunégonde de ma vie? A quoi me servira de prolonger mes misérables jours, puisque je dois les traîner loin d'elle dans les remords et dans le désespoir? Et que dira le Journal de Trévoux?»

En parlant ainsi, il ne laissa pas de manger. Le soleil se couchait. Les deux égarés entendirent quelques petits cris qui paraissaient poussés par des femmes. Ils ne savaient si ces cris étaient de douleur ou de joie; mais ils se levèrent précipitamment avec cette inquiétude et cette alarme que

tout inspire dans un pays inconnu. Ces clameurs partaient de deux filles toutes nues qui couraient légèrement au bord de la prairie, tandis que deux singes les suivaient en leur mordant les fesses. Candide fut touché de pitié; il avait appris à tirer chez les Bulgares, et il aurait abattu une noisette dans un buisson sans toucher aux feuilles. Il prend son fusil espagnol à deux coups, tire, et tue les deux singes. « Dieu soit loué, mon cher Cacambo! j'ai délivré d'un grand péril ces deux pauvres créatures : si j'ai commis un péché en tuant un inquisiteur et un jésuite, je l'ai bien réparé en sauvant la vie à deux filles. Ce sont peut-être deux demoiselles de condition, et cette aventure nous peut procurer de très grands avantages dans le pays. »

Il allait continuer, mais sa langue devint percluse quand il vit ces deux filles embrasser tendrement les deux singes, fondre en larmes sur leurs corps et remplir l'air des cris les plus douloureux. « Je ne m'attendais pas à tant de bonté d'âme », dit-il enfin à Cacambo, lequel lui répliqua :« Vous avez fait là un beau chef-d'œuvre, mon maître; vous avez tué les deux amants de ces demoiselles. — Leurs amants! serait-il possible? vous vous moquez de moi, Cacambo; le moyen de vous croire? — Mon cher maître, repartit Cacambo, vous êtes toujours étonné de tout; pourquoi trouvez-vous si étrange que dans quelques pays il y ait des singes qui obtiennent les bonnes grâces des dames? Ils sont des quarts d'homme, comme je suis un quart d'Espagnol. — Hélas! reprit Candide, je me

souviens d'avoir entendu dire à maître Pangloss qu'autrefois pareils accidents étaient arrivés, et que ces mélanges avaient produit des égypans, des faunes, des satyres; que plusieurs grands personnages de l'antiquité en avaient vu; mais je prenais cela pour des fables. — Vous devez être convaincu à présent, dit Cacambo, que c'est une vérité, et vous voyez comment en usent les personnes qui n'ont pas reçu une certaine éducation; tout ce que je crains, c'est que ces dames ne nous fassent quelque méchante affaire. »

Ces réflexions solides engagèrent Candide à quitter la prairie et à s'enfoncer dans un bois. Il y soupa avec Cacambo; et tous deux, après avoir maudit l'inquisiteur du Portugal, le gouverneur de Buenos-Ayres et le baron, s'endormirent sur de la mousse. A leur réveil, ils sentirent qu'ils ne pouvaient remuer : la raison en était que pendant la nuit les Oreillons, habitants du pays, à qui les deux dames les avaient dénoncés, les avaient garrottés avec des cordes d'écorce d'arbres. Ils étaient entourés d'une cinquantaine d'Oreillons tout nus, armés de flèches, de massues et de haches de caillou : les uns faisaient bouillir une grande chaudière; les autres préparaient des broches, et tous criaient : « C'est un jésuite, c'est un jésuite! nous serons vengés, et nous ferons bonne chère; mangeons du jésuite, mangeons du jésuite! »

« Je vous l'avais bien dit, mon cher maître, s'écria tristement Cacambo, que ces deux filles nous joueraient d'un mauvais tour. » Candide,

apercevant la chaudière et les broches, s'écria : « Nous allons certainement être rôtis ou bouillis. Ah ! que dirait maître Pangloss, s'il voyait comme la pure nature est faite ? Tout est bien, soit ; mais j'avoue qu'il est bien cruel d'avoir perdu M^{lle} Cunégonde et d'être mis à la broche par des Oreillons. » Cacambo ne perdait jamais la tête. « Ne désespérez de rien, dit-il au désolé Candide ; j'entends un peu le jargon de ces peuples, je vais leur parler. — Ne manquez pas, dit Candide, de leur représenter quelle est l'inhumanité affreuse de faire cuire des hommes, et combien cela est peu chrétien. »

« Messieurs, dit Cacambo, vous comptez donc manger aujourd'hui un jésuite ? c'est très bien fait ; rien n'est plus juste que de traiter ainsi ses ennemis. En effet le droit naturel nous enseigne à tuer notre prochain, et c'est ainsi qu'on en agit dans toute la terre. Si nous n'usons pas du droit de le manger, c'est que nous avons d'ailleurs de quoi faire bonne chère ; mais vous n'avez pas les mêmes ressources que nous : certainement il vaut mieux manger ses ennemis que d'abandonner aux corbeaux et aux corneilles le fruit de sa victoire. Mais, Messieurs, vous ne voudriez pas manger vos amis. Vous croyez aller mettre un jésuite en broche, et c'est votre défenseur, c'est l'ennemi de vos ennemis que vous allez rôtir. Pour moi, je suis né dans votre pays ; monsieur que vous voyez est mon maître, et, bien loin d'être jésuite, il vient de tuer un jésuite, il en porte les dépouilles : voilà le sujet de votre méprise. Pour vérifier ce que je vous

dis, prenez sa robe, portez-la à la première barrière du royaume de *los padres*; informez-vous si mon maître n'a pas tué un officier jésuite. Il vous faudra peu de temps; vous pourrez toujours nous manger, si vous trouvez que je vous ai menti. Mais, si je vous ai dit la vérité, vous connaissez trop les principes du droit public, les mœurs et les lois, pour ne nous pas faire grâce. »

Les Oreillons trouvèrent ce discours très raisonnable; ils députèrent deux notables pour aller en diligence s'informer de la vérité; les deux députés s'acquittèrent de leur commission en gens d'esprit, et revinrent bientôt apporter de bonnes nouvelles. Les Oreillons délièrent leurs deux prisonniers, leur firent toutes sortes de civilités, leur offrirent des filles, leur donnèrent des rafraîchissements, et les reconduisirent jusqu'aux confins de leurs États, en criant avec allégresse : « Il n'est point jésuite, il n'est point jésuite! »

Candide ne se lassait point d'admirer le sujet de sa délivrance. « Quel peuple! disait-il, quels hommes! quelles mœurs! Si je n'avais pas eu le bonheur de donner un grand coup d'épée au travers du corps du frère de M^{lle} Cunégonde, j'étais mangé sans rémission. Mais, après tout, la pure nature est bonne, puisque ces gens-ci, au lieu de me manger, m'ont fait mille honnêtetés dès qu'ils ont su que je n'étais pas jésuite. »

CHAPITRE XVII

QUAND ils furent aux frontières des Oreillons :
« Vous voyez, dit Cacambo à Candide, que cet hémisphère-ci ne vaut pas mieux que l'autre ; croyez-moi, retournons en Europe par le plus court. — Comment y retourner, dit Candide, et où aller ? Si je vais dans mon pays, les Bulgares et les Abares y égorgent tout ; si je retourne en Portugal, j'y suis brûlé ; si nous restons dans ce pays-ci, nous risquons à tout moment d'être mis en broche. Mais comment se résoudre à quitter la partie du monde que M^{lle} Cunégonde habite ? — Tournons vers la Cayenne, dit Cacambo : nous y trouverons des Français, qui vont par tout le monde ; ils pourront nous aider. Dieu aura peut-être pitié de nous. »

Il n'était pas facile d'aller à la Cayenne : ils savaient bien à peu près de quel côté il fallait marcher ; mais des montagnes, des fleuves, des précipices, des brigands, des sauvages, étaient partout de terribles obstacles. Leurs chevaux moururent de fatigue ; leurs provisions furent consumées ; ils se nourrirent un mois entier de fruits sauvages, et se trouvèrent enfin auprès d'une petite rivière bordée de cocotiers, qui soutinrent leur vie et leurs espérances.

Cacambo, qui donnait toujours d'aussi bons conseils que la vieille, dit à Candide : « Nous n'en pouvons plus, nous avons assez marché ; j'aperçois un canot vide sur le rivage, emplissons-le de cocos, jetons-nous dans cette petite barque, laissons-nous aller au courant ; une rivière mène toujours à quelque endroit habité. Si nous ne trouvons pas des choses agréables, nous trouverons du moins des choses nouvelles. — Allons, dit Candide, recommandons-nous à la Providence. »

Ils voguèrent quelques lieues entre des bords tantôt fleuris, tantôt arides, tantôt unis, tantôt escarpés. La rivière s'élargissait toujours ; enfin elle se perdait sous une voûte de rochers épouvantables qui s'élevaient jusqu'au ciel. Les deux voyageurs eurent la hardiesse de s'abandonner aux flots sous cette voûte. Le fleuve, resserré en cet endroit, les porta avec une rapidité et un bruit horribles. Au bout de vingt-quatre heures ils revirent le jour ; mais leur canot se fracassa contre les écueils ; il fallut se traîner de rocher en rocher pendant une lieue entière ; enfin ils découvrirent un horizon immense, bordé de montagnes inaccessibles. Le pays était cultivé pour le plaisir comme pour le besoin ; partout l'utile était agréable. Les chemins étaient couverts ou plutôt ornés de voitures d'une forme et d'une matière brillante, portant des hommes et des femmes d'une beauté singulière, traînés rapidement par de gros moutons rouges qui surpassaient en vitesse les plus beaux chevaux d'Andalousie, de Tétuan et de Méquinez.

« Voilà pourtant, dit Candide, un pays qui vaut mieux que la Westphalie. » Il mit pied à terre avec Cacambo auprès du premier village qu'il rencontra. Quelques enfants du village, couverts de brocarts d'or tout déchirés, jouaient au palet à l'entrée du bourg ; nos deux hommes de l'autre monde s'amusèrent à les regarder : leurs palets étaient d'assez larges pièces rondes, jaunes, rouges, vertes, qui jetaient un éclat singulier. Il prit envie aux voyageurs d'en ramasser quelques-uns ; c'était de l'or, c'était des émeraudes, des rubis, dont le moindre aurait été le plus grand ornement du trône du Mogol. « Sans doute, dit Cacambo, ces enfants sont les fils du roi du pays qui jouent au petit palet. » Le magister du village parut dans ce moment pour les faire rentrer à l'école. « Voilà, dit Candide, le précepteur de la famille royale. »

Les petits gueux quittèrent aussitôt le jeu, en laissant à terre leurs palets et tout ce qui avait servi à leurs divertissements. Candide les ramasse, court au précepteur, et les lui présente humble-ment, lui faisant entendre par signes que Leurs Altesses royales avaient oublié leur or et leurs pierreries. Le magister du village, en souriant, les jeta par terre, regarda un moment la figure de Candide avec beaucoup de surprise, et continua son chemin.

Les voyageurs ne manquèrent pas de ramasser l'or, les rubis et les émeraudes. « Où sommes-nous ? s'écria Candide ; il faut que les enfants des rois de ce pays soient bien élevés puisqu'on leur

apprend à mépriser l'or et les pierreries. » Cacambo était aussi surpris que Candide. Ils approchèrent enfin de la première maison du village ; elle était bâtie comme un palais d'Europe. Une foule de monde s'empressait à la porte, et encore plus dans le logis ; une musique très agréable se faisait entendre, et une odeur délicieuse de cuisine se faisait sentir. Cacambo s'approcha de la porte, et entendit qu'on parlait péruvien : c'était sa langue maternelle : car tout le monde sait que Cacambo était né au Tucuman, dans un village où l'on ne connaissait que cette langue. « Je vous servirai d'interprète, dit-il à Candide ; entrons, c'est ici un cabaret. »

Aussitôt deux garçons et deux filles de l'hôtellerie, vêtus de drap d'or, et les cheveux renoués avec des rubans, les invitent à se mettre à la table de l'hôte. On servit quatre potages garnis chacun de deux perroquets, un contour bouilli qui pesait deux cents livres, deux singes rôtis d'un goût excellent, trois cents colibris dans un plat, et six cents oiseaux-mouches dans un autre ; des ragoûts exquis, des pâtisseries délicieuses ; le tout dans des plats d'une espèce de cristal de roche. Les garçons et les filles de l'hôtellerie versaient plusieurs liqueurs faites de canne de sucre.

Les convives étaient pour la plupart des marchands et des voituriers, tous d'une politesse extrême, qui firent quelques questions à Cacambo avec la discrétion la plus circonspecte, et qui répondirent aux siennes d'une manière à le satisfaire.

Quand le repas fut fini, Cacambo crut, ainsi que Candide, bien payer son écot en jetant sur la table de l'hôte deux de ces larges pièces d'or qu'il avait ramassées ; l'hôte et l'hôtesse éclatèrent de rire, et se tinrent longtemps les côtés. Enfin ils se remirent. « Messieurs, dit l'hôte, nous voyons bien que vous êtes des étrangers ; nous ne sommes pas accoutumés à en voir. Pardonnez-nous si nous nous sommes mis à rire quand vous nous avez offert en payement les cailloux de nos grands chemins. Vous n'avez pas sans doute de la monnaie du pays, mais il n'est pas nécessaire d'en avoir pour dîner ici. Toutes les hôtelleries établies pour la commodité du commerce sont payées par le gouvernement. Vous avez fait mauvaise chère ici, parce que c'est un pauvre village ; mais partout ailleurs vous serez reçus comme vous méritez de l'être. » Cacambo expliquait à Candide tous les discours de l'hôte, et Candide les écoutait avec la même admiration et le même égarement que son ami Cacambo les rendait. « Quel est donc ce pays, disaient-ils l'un et l'autre, inconnu à tout le reste de la terre, et où toute la nature est d'une espèce si différente de la nôtre ? C'est probablement le pays où tout va bien : car il faut absolument qu'il y en ait un de cette espèce. Et, quoi qu'en dît maître Pangloss, je me suis souvent aperçu que tout allait assez mal en Westphalie. »

CHAPITRE XVIII

CACAMBO témoigna à son hôte toute sa curiosité ; l'hôte lui dit : « Je suis fort ignorant, et je m'en trouve bien ; mais nous avons ici un vieillard retiré de la cour, qui est le plus savant homme du royaume, et le plus communicatif. » Aussitôt il mène Cacambo chez le vieillard. Candide ne jouait plus que le second personnage, et accompagnait son valet. Ils entrèrent dans une maison fort simple, car la porte n'était que d'argent, et les lambris des appartements n'étaient que d'or, mais travaillés avec tant de goût que les plus riches lambris ne l'effaçaient pas. L'antichambre n'était à la vérité incrustée que de rubis et d'émeraudes ; mais l'ordre dans lequel tout était arrangé réparait bien cette extrême simplicité.

Le vieillard reçut les deux étrangers sur un sofa matelassé de plumes de colibri, et leur fit présenter des liqueurs dans des vases de diamant ; après quoi il satisfit à leur curiosité en ces termes :

« Je suis âgé de cent soixante et douze ans, et j'ai appris de feu mon père, écuyer du roi, les étonnantes révolutions du Pérou dont il avait été témoin. Le royaume où nous sommes est l'ancienne patrie des Incas, qui en sortirent très imprudemment pour aller subjuguer une partie du monde, et qui furent enfin détruits par les Espagnols.

« Les princes de leur famille qui restèrent dans leur pays natal furent plus sages ; ils ordonnèrent, du consentement de la nation, qu'aucun habitant ne sortirait jamais de notre petit royaume ; et c'est ce qui nous a conservé notre innocence et notre félicité. Les Espagnols ont eu une connaissance confuse de ce pays, ils l'ont appelé Eldorado, et un Anglais, nommé le chevalier Raleigh, en a même approché il y a environ cent années; mais, comme nous sommes entourés de rochers inabordables et de précipices, nous avons toujours été jusqu'à présent à l'abri de la rapacité des nations de l'Europe, qui ont une fureur inconcevable pour les cailloux et pour la fange de notre terre, et qui, pour en avoir, nous tueraient tous jusqu'au dernier. »

La conversation fut longue ; elle roula sur la forme du gouvernement, sur les mœurs, sur les femmes, sur les spectacles publics, sur les arts. Enfin Candide, qui avait toujours du goût pour la métaphysique, fit demander par Cacambo si dans le pays il y avait une religion.

Le vieillard rougit un peu. « Comment donc ! dit-il ; en pouvez-vous douter ? Est-ce que vous nous prenez pour des ingrats ? » Cacambo demanda humblement quelle était la religion d'Eldorado. Le vieillard rougit encore. « Est-ce qu'il peut y avoir deux religions ? dit-il ; nous avons, je crois, la religion de tout le monde ; nous adorons Dieu du soir jusqu'au matin. — N'adorez-vous qu'un seul Dieu ? dit Cacambo, qui servait toujours d'interprète aux doutes de Candide. — Apparemment,

dit le vieillard, qu'il n'y en a ni deux, ni trois, ni quatre. Je vous avoue que les gens de votre monde font des questions bien singulières. » Candide ne se lassait pas de faire interroger ce bon vieillard ; il voulut savoir comment on priait Dieu dans l'Eldorado. « Nous ne le prions point, dit le bon et respectable sage ; nous n'avons rien à lui demander ; il nous a donné tout ce qu'il nous faut ; nous le remercions sans cesse. » Candide eut la curiosité de voir des prêtres ; il fit demander où ils étaient. Le bon vieillard sourit. « Mes amis, dit-il, nous sommes tous prêtres ; le roi et tous les chefs de famille chantent des cantiques d'actions de grâces solennellement tous les matins ; et cinq ou six mille musiciens les accompagnent. — Quoi ! vous n'avez point de moines qui enseignent, qui disputent, qui gouvernent, qui cabalent, et qui font brûler les gens qui ne sont pas de leur avis ? — Il faudrait que nous fussions fous, dit le vieillard ; nous sommes tous ici du même avis, et nous n'entendons pas ce que vous voulez dire avec vos moines. » Candide à tous ces discours demeurait en extase, et disait en lui-même : « Ceci est bien différent de la Westphalie et du château de monsieur le baron : si notre ami Pangloss avait vu Eldorado, il n'aurait plus dit que le château de Thunder-ten-tronckh était ce qu'il y avait de mieux sur la terre ; il est certain qu'il faut voyager. »

Après cette longue conversation, le bon vieillard fit atteler un carrosse à six moutons, et donna douze de ses domestiques aux deux voyageurs

pour les conduire à la cour. « Excusez-moi, leur dit-il, si mon âge me prive de l'honneur de vous accompagner. Le roi vous recevra d'une manière dont vous ne serez pas mécontents, et vous pardonnerez sans doute aux usages du pays, s'il y en a quelques-uns qui vous déplaisent. »

Candide et Cacambo montent en carrosse ; les six moutons volaient, et en moins de quatre heures on arriva au palais du roi, situé à un bout de la capitale. Le portail était de deux cent vingt pieds de haut et de cent de large ; il est impossible d'exprimer quelle en était la matière. On voit assez quelle supériorité prodigieuse elle devait avoir sur ces cailloux et sur ce sable que nous nommons *or* et *pierreries*.

Vingt belles filles de la garde reçurent Candide et Cacambo à la descente du carrosse, les conduisirent aux bains, les vêtirent de robes d'un tissu de duvet de colibri ; après quoi les grands officiers et les grandes officières de la Couronne les menèrent à l'appartement de Sa Majesté, au milieu de deux files, chacune de mille musiciens, selon l'usage ordinaire. Quand ils approchèrent de la salle du trône, Cacambo demanda à un grand officier comment il fallait s'y prendre pour saluer Sa Majesté : si on se jetait à genoux ou ventre à terre ; si on mettait les mains sur la tête ou sur le derrière ; si on léchait la poussière de la salle ; en un mot, quelle était la cérémonie. « L'usage, dit le grand officier, est d'embrasser le roi et de le baiser des deux côtés. » Candide et

Cacambo sautèrent au cou de Sa Majesté, qui les reçut avec toute la grâce imaginable et qui les pria poliment à souper.

En attendant, on leur fit voir la ville, les édifices publics élevés jusqu'aux nues, les marchés ornés de mille colonnes, les fontaines d'eau pure, les fontaines d'eau rose, celles de liqueurs de canne de sucre qui coulaient continuellement dans de grandes places, pavées d'une espèce de pierreries qui répandaient une odeur semblable à celle du gérofle et de la cannelle. Candide demanda à voir la cour de justice, le parlement; on lui dit qu'il n'y en avait point, et qu'on ne plaidait jamais. Il s'informa s'il y avait des prisons, et on lui dit que non. Ce qui le surprit davantage, et qui lui fit le plus de plaisir, ce fut le palais des sciences, dans lequel il vit une galerie de deux mille pas, toute pleine d'instruments de mathématique et de physique.

Après avoir parcouru, toute l'après-dînée, à peu près la millième partie de la ville, on les remena chez le roi. Candide se mit à table entre Sa Majesté, son valet Cacambo et plusieurs dames. Jamais on ne fit meilleure chère, et jamais on n'eut plus d'esprit à souper qu'en eut Sa Majesté. Cacambo expliquait les bons mots du roi à Candide, et, quoique traduits, ils paraissaient toujours des bons mots. De tout ce qui étonnait Candide, ce n'était pas ce qui l'étonna le moins.

Ils passèrent un mois dans cet hospice. Candide

ne cessait de dire à Cacambo : « Il est vrai, mon ami, encore une fois, que le château où je suis né ne vaut pas le pays où nous sommes ; mais enfin M^{lle} Cunégonde n'y est pas, et vous avez sans doute quelque maîtresse en Europe. Si nous restons ici, nous n'y serons que comme les autres ; au lieu que si nous retournons dans notre monde seulement avec douze moutons chargés de cailloux d'Eldorado, nous serons plus riches que tous les rois ensemble, nous n'aurons plus d'inquisiteurs à craindre, et nous pourrons aisément reprendre M^{lle} Cunégonde. »

Ce discours plut à Cacambo : on aime tant à courir, à se faire valoir chez les siens, à faire parade de ce qu'on a vu dans ses voyages, que les deux heureux résolurent de ne plus l'être et de demander leur congé à Sa Majesté.

« Vous faites une sottise, leur dit le roi ; je sais bien que mon pays est peu de chose ; mais, quand on est passablement quelque part, il faut y rester ; je n'ai pas assurément le droit de retenir des étrangers ; c'est une tyrannie qui n'est ni dans nos mœurs, ni dans nos lois : tous les hommes sont libres ; partez quand vous voudrez, mais la sortie est bien difficile. Il est impossible de remonter la rivière rapide sur laquelle vous êtes arrivés par miracle, et qui court sous des voûtes de rochers. Les montagnes qui entourent tout mon royaume ont dix mille pieds de hauteur, et sont droites comme des murailles : elles occupent chacune en largeur un espace de plus de dix lieues ; on ne

peut en descendre que par des précipices. Cependant, puisque vous voulez absolument partir, je vais donner ordre aux intendants des machines d'en faire une qui puisse vous transporter commodément. Quand on vous aura conduits au revers des montagnes, personne ne pourra vous accompagner : car mes sujets ont fait vœu de ne jamais sortir de leur enceinte, et ils sont trop sages pour rompre leur vœu. Demandez-moi d'ailleurs tout ce qu'il vous plaira. — Nous ne demandons à Votre Majesté, dit Cacambo, que quelques moutons chargés de vivres, de cailloux, et de la boue du pays. » Le roi rit. « Je ne conçois pas, dit-il, quel goût vos gens d'Europe ont pour notre boue jaune ; mais emportez-en tant que vous voudrez, et grand bien vous fasse. »

Il donna l'ordre sur-le-champ à ses ingénieurs de faire une machine pour guinder ces deux hommes extraordinaires hors du royaume. Trois mille bons physiciens y travaillèrent ; elle fut prête au bout de quinze jours, et ne coûta pas plus de vingt millions de livres sterling, monnaie du pays. On mit sur la machine Candide et Cacambo ; il y avait deux grands moutons rouges sellés et bridés pour leur servir de monture quand ils auraient franchi les montagnes, vingt moutons de bât chargés de vivres, trente qui portaient des présents de ce que le pays a de plus curieux, et cinquante chargés d'or, de pierreries et de diamants. Le roi embrassa tendrement les deux vagabonds.

Ce fut un beau spectacle que leur départ, et la

manière ingénieuse dont ils furent hissés, eux et leurs moutons, au haut des montagnes. Les physiciens prirent congé d'eux après les avoir mis en sûreté, et Candide n'eut plus d'autre désir et d'autre objet que d'aller présenter ses moutons à M^{lle} Cunégonde. « Nous avons, dit-il, de quoi payer le gouverneur de Buenos-Ayres, si M^{lle} Cunégonde peut être mise à prix. Marchons vers la Cayenne, embarquons-nous, et nous verrons ensuite quel royaume nous pourrons acheter. »

CHAPITRE XIX

CE QUI LEUR ARRIVA A SURINAM, ET COMMENT CANDIDE
FIT CONNAISSANCE AVEC MARTIN

LA première journée de nos deux voyageurs fut
assez agréable. Ils étaient encouragés par
l'idée de se voir possesseurs de plus de trésors
que l'Asie, l'Europe et l'Afrique n'en pouvaient
rassembler. Candide, transporté, écrivit le nom
de Cunégonde sur les arbres. A la seconde jour-
née, deux de leurs moutons s'enfoncèrent dans des
marais, et y furent abîmés avec leurs charges ;
deux autres moutons moururent de fatigue quel-
ques jours après ; sept ou huit périrent ensuite de
faim dans un désert ; d'autres tombèrent au bout
de quelques jours dans des précipices. Enfin, après
cent jours de marche, il ne leur resta que deux
moutons. Candide dit à Cacambo : « Mon ami,
vous voyez comme les richesses de ce monde
sont périssables ; il n'y a rien de solide que la
vertu et le bonheur de revoir M^{lle} Cunégonde. — Je
l'avoue, dit Cacambo ; mais il nous reste encore
deux moutons avec plus de trésors que n'en
aura jamais le roi d'Espagne, et je vois de loin
une ville que je soupçonne être Surinam, appar-
tenante aux Hollandais. Nous sommes au bout
de nos peines et au commencement de notre
félicité. »

En approchant de la ville, ils rencontrèrent un

nègre étendu par terre, n'ayant plus que la moitié de son habit, c'est-à-dire d'un caleçon de toile bleue ; il manquait à ce pauvre homme la jambe gauche et la main droite. « Eh ! mon Dieu ! lui dit Candide en hollandais, que fais-tu là, mon ami, dans l'état horrible où je te vois ? — J'attends mon maître, M. Vanderdendur, le fameux négociant, répondit le nègre. — Est-ce M. Vanderdendur, dit Candide, qui t'a traité ainsi ? — Oui, Monsieur, dit le nègre, c'est l'usage. On nous donne un caleçon de toile pour tout vêtement deux fois l'année. Quand nous travaillons aux sucreries, et que la meule nous attrape le doigt, on nous coupe la main ; quand nous voulons nous enfuir on nous coupe la jambe : je me suis trouvé dans les deux cas. C'est à ce prix que vous mangez du sucre en Europe. Cependant, lorsque ma mère me vendit dix écus aux Patagons sur la côte de Guinée, elle me disait : « Mon cher enfant, bénis nos fétiches, « adore-les toujours, ils te feront vivre heureux ; « tu as l'honneur d'être esclave de nos seigneurs « les blancs, et tu fais par là la fortune de ton « père et de ta mère. » Hélas ! je ne sais pas si j'ai fait leur fortune, mais ils n'ont pas fait la mienne. Les chiens, les singes et les perroquets sont mille fois moins malheureux que nous ; les fétiches hollandais qui m'ont converti me disent tous les dimanches que nous sommes tous enfants d'Adam, blancs et noirs. Je ne suis pas généalogiste ; mais, si ces prêcheurs disent vrai, nous sommes tous cousins issus de germain. Or vous m'avouerez

qu'on ne peut pas en user avec ses parents d'une manière plus horrible.

— O Pangloss ! s'écria Candide, tu n'avais pas deviné cette abomination ; c'en est fait, il faudra qu'à la fin je renonce à ton optimisme. — Qu'est-ce qu'optimisme ? disait Cacambo. — Hélas ! dit Candide, c'est la rage de soutenir que tout est bien quand on est mal » ; et il versait des larmes en regardant son nègre ; et, en pleurant, il entra dans Surinam.

La première chose dont ils s'informent, c'est s'il n'y a point au port quelque vaisseau qu'on pût envoyer à Buenos-Ayres. Celui à qui ils s'adressèrent était justement un patron espagnol, qui s'offrit à faire avec eux un marché honnête. Il leur donna rendez-vous dans un cabaret. Candide et le fidèle Cacambo allèrent l'y attendre avec leurs deux moutons.

Candide, qui avait le cœur sur les lèvres, conta à l'Espagnol toutes ses aventures, et lui avoua qu'il voulait enlever M^{lle} Cunégonde. « Je me garderai bien de vous passer à Buenos-Ayres, dit le patron : je serais pendu, et vous aussi. La belle Cunégonde est la maîtresse favorite de monseigneur. » Ce fut un coup de foudre pour Candide ; il pleura longtemps ; enfin il tira à part Cacambo : « Voici, mon cher ami, lui dit-il, ce qu'il faut que tu fasses. Nous avons chacun dans nos poches pour cinq ou six millions de diamants ; tu es plus habile que moi ; va prendre M^{lle} Cunégonde à Buenos-Ayres. Si le gouverneur fait quelques

difficultés, donne-lui un million ; s'il ne se rend pas, donne-lui-en deux ; tu n'as point tué d'inquisiteur, on ne se défiera point de toi. J'équiperai un autre vaisseau ; j'irai t'attendre à Venise ; c'est un pays libre où l'on n'a rien à craindre ni des Bulgares, ni des Abares, ni des juifs, ni des inquisiteurs. » Cacambo applaudit à cette sage résolution. Il était au désespoir de se séparer d'un bon maître devenu son ami intime ; mais le plaisir de lui être utile l'emporta sur la douleur de le quitter. Ils s'embrassèrent en versant des larmes : Candide lui recommanda de ne point oublier la bonne vieille. Cacambo partit dès le jour même : c'était un très bon homme que ce Cacambo.

Candide resta encore quelque temps à Surinam, et attendit qu'un autre patron voulût le mener en Italie, lui et les deux moutons qui lui restaient. Il prit des domestiques, et acheta tout ce qui lui était nécessaire pour un long voyage ; enfin M. Vanderdendur, maître d'un gros vaisseau, vint se présenter à lui. « Combien voulez-vous, demanda-t-il à cet homme, pour me mener en droiture à Venise, moi, mes gens, mon bagage, et les deux moutons que voilà ? » Le patron s'accorda à dix mille piastres ; Candide n'hésita pas.

« Oh ! oh ! dit à part soi le prudent Vanderdendur, cet étranger donne dix mille piastres tout d'un coup ! il faut qu'il soit bien riche. » Puis, revenant un moment après, il signifia qu'il ne pouvait partir à moins de vingt mille. « Eh bien ! vous les aurez, dit Candide. — Ouais ! se dit tout bas

le marchand, cet homme donne vingt mille piastres
aussi aisément que dix mille. » Il revint encore, et
dit qu'il ne pouvait le conduire à Venise à moins
de trente mille piastres. « Vous en aurez donc
trente mille, répondit Candide. — Oh ! oh ! se
dit encore le marchand hollandais, trente mille
piastres ne coûtent rien à cet homme-ci ; sans
doute les deux moutons portent des trésors immen-
ses ; n'insistons pas davantage : faisons-nous
d'abord payer les trente mille piastres, et puis
nous verrons. » Candide vendit deux petits dia-
mants, dont le moindre valait plus que tout l'argent
que demandait le patron. Il le paya d'avance. Les
deux moutons furent embarqués. Candide suivait
dans un petit bateau pour joindre le vaisseau à la
rade ; le patron prend son temps, met à la voile,
démarre ; le vent le favorise. Candide, éperdu et
stupéfait, le perd bientôt de vue. « Hélas ! cria-
t-il, voilà un tour digne de l'ancien monde. » Il
retourne au rivage, abîmé dans la douleur : car
enfin il avait perdu de quoi faire la fortune de
vingt monarques.

Il se transporte chez le juge hollandais ; et,
comme il était un peu troublé, il frappe rudement
à la porte ; il entre, expose son aventure, et crie
un peu plus haut qu'il ne convenait. Le juge com-
mença par lui faire payer dix mille piastres pour
le bruit qu'il avait fait ; ensuite il l'écouta patiem-
ment, lui promit d'examiner son affaire sitôt que
le marchand serait revenu, et se fit payer dix mille
autres piastres pour les frais de l'audience.

Ce procédé acheva de désespérer Candide ; il avait à la vérité essuyé des malheurs mille fois plus douloureux ; mais le sang-froid du juge, et celui du patron dont il était volé, alluma sa bile, et le plongea dans une noire mélancolie. La méchanceté des hommes se présentait à son esprit dans toute sa laideur ; il ne se nourrissait que d'idées tristes. Enfin, un vaisseau français étant sur le point de partir pour Bordeaux, comme il n'avait plus de moutons chargés de diamants à embarquer, il loua une chambre du vaisseau à juste prix, et fit signifier dans la ville qu'il payerait le passage, la nourriture, et donnerait deux mille piastres à un honnête homme qui voudrait faire le voyage avec lui, à condition que cet homme serait le plus dégoûté de son état et le plus malheureux de la province.

Il se présenta une foule de prétendants qu'une flotte n'aurait pu contenir. Candide voulant choisir entre les plus apparents, il distingua une vingtaine de personnes qui lui paraissaient assez sociables, et qui toutes prétendaient mériter la préférence. Il les assembla dans son cabaret, et leur donna à souper, à condition que chacun ferait serment de raconter fidèlement son histoire, promettant de choisir celui qui lui paraîtrait le plus à plaindre et le plus mécontent de son état, à plus juste titre, et de donner aux autres quelques gratifications.

La séance dura jusqu'à quatre heures du matin. Candide, en écoutant toutes leurs aventures, se

ressouvenait de ce que lui avait dit la vieille en
allant à Buenos-Ayres, et de la gageure qu'elle
avait faite, qu'il n'y avait personne sur le vaisseau
à qui il ne fût arrivé de très grands malheurs. Il
songeait à Pangloss à chaque aventure qu'on lui
contait. « Ce Pangloss, disait-il, serait bien embar-
rassé à démontrer son système. Je voudrais qu'il
fût ici. Certainement, si tout va bien, c'est dans
Eldorado, et non pas dans le reste de la terre. »
Enfin il se détermina en faveur d'un pauvre savant
qui avait travaillé dix ans pour les libraires à
Amsterdam. Il jugea qu'il n'y avait point de
métier au monde dont on dût être plus dégoûté.

Ce savant, qui était d'ailleurs un bon homme,
avait été volé par sa femme, battu par son fils, et
abandonné de sa fille, qui s'était fait enlever par
un Portugais. Il venait d'être privé d'un petit
emploi duquel il subsistait ; et les prédicants de
Surinam le persécutaient parce qu'ils le prenaient
pour un socinien. Il faut avouer que les autres
étaient pour le moins aussi malheureux que lui ;
mais Candide espérait que le savant le désennuie-
rait dans le voyage. Tous ses autres rivaux trou-
vèrent que Candide leur faisait une grande injus-
tice ; mais il les apaisa en leur donnant à chacun
cent piastres.

CHAPITRE XX

LE vieux savant, qui s'appelait Martin, s'embarqua donc pour Bordeaux avec Candide. L'un et l'autre avaient beaucoup vu et beaucoup souffert; et quand le vaisseau aurait dû faire voile de Surinam au Japon par le cap de Bonne-Espérance, ils auraient eu de quoi s'entretenir du mal moral et du mal physique pendant tout le voyage.

Cependant Candide avait un grand avantage sur Martin, c'est qu'il espérait toujours revoir M$^{\text{lle}}$ Cunégonde, et que Martin n'avait rien à espérer; de plus, il avait de l'or et des diamants; et quoiqu'il eût perdu cent gros moutons rouges chargés des plus grands trésors de la terre, quoiqu'il eût toujours sur le cœur la friponnerie du patron hollandais, cependant, quand il songeait à ce qui lui restait dans ses poches, et quand il parlait de Cunégonde, surtout à la fin du repas, il penchait alors pour le système de Pangloss.

« Mais vous, Monsieur Martin, dit-il au savant, que pensez-vous de tout cela ? Quelle est votre idée sur le mal moral et le mal physique ? — Monsieur, répondit Martin, mes prêtres m'ont accusé d'être socinien ; mais la vérité du fait est que je suis manichéen. — Vous vous moquez de moi, dit Candide, il n'y a plus de manichéens dans le

monde. — Il y a moi, dit Martin ; je ne sais qu'y faire, mais je ne peux penser autrement. — Il faut que vous ayez le diable au corps, dit Candide. — Il se mêle si fort des affaires de ce monde, dit Martin, qu'il pourrait bien être dans mon corps, comme partout ailleurs ; mais je vous avoue qu'en jetant la vue sur ce globe, ou plutôt sur ce globule, je pense que Dieu l'a abandonné à quelque être malfaisant ; j'en excepte toujours Eldorado. Je n'ai guère vu de ville qui ne désirât la ruine de la ville voisine, point de famille qui ne voulût exterminer quelque autre famille. Partout les faibles ont en exécration les puissants devant lesquels ils rampent, et les puissants les traitent comme des troupeaux dont on vend la laine et la chair. Un million d'assassins enrégimentés, courant d'un bout de l'Europe à l'autre, exerce le meurtre et le brigandage avec discipline pour gagner son pain, parce qu'il n'a pas de métier plus honnête ; et dans les villes qui paraissent jouir de la paix, et où les arts fleurissent, les hommes sont dévorés de plus d'envie, de soins et d'inquiétudes qu'une ville assiégée n'éprouve de fléaux. Les chagrins secrets sont encore plus cruels que les misères publiques. En un mot, j'en ai tant vu et tant éprouvé que je suis manichéen. — Il y a pourtant du bon, répliquait Candide. — Cela peut être, disait Martin, mais je ne le connais pas. »

Au milieu de cette dispute, on entendit un bruit de canon. Le bruit redouble de moment en moment. Chacun prend sa lunette. On aperçoit deux

vaisseaux qui combattaient à la distance d'environ trois milles ; le vent les amena l'un et l'autre si près du vaisseau français qu'on eut le plaisir de voir le combat tout à son aise. Enfin l'un des deux vaisseaux lâcha à l'autre une bordée si bas et si juste qu'il le coula à fond. Candide et Martin aperçurent distinctement une centaine d'hommes sur le tillac du vaisseau qui s'enfonçait ; ils levaient tous les mains au ciel et jetaient des clameurs effroyables : en un moment tout fut englouti.

« Eh bien ! dit Martin, voilà comme les hommes se traitent les uns les autres. — Il est vrai, dit Candide, qu'il y a quelque chose de diabolique dans cette affaire. » En parlant ainsi, il aperçut je ne sais quoi d'un rouge éclatant qui nageait auprès de son vaisseau. On détacha la chaloupe pour voir ce que ce pouvait être : c'était un de ses moutons. Candide eut plus de joie de retrouver ce mouton qu'il n'avait été affligé d'en perdre cent tous chargés de gros diamants d'Eldorado.

Le capitaine français aperçut bientôt que le capitaine du vaisseau submergeant était espagnol, et que celui du vaisseau submergé était un pirate hollandais ; c'était celui-là même qui avait volé Candide. Les richesses immenses dont ce scélérat s'était emparé furent ensevelies avec lui dans la mer, et il n'y eut qu'un mouton de sauvé. « Vous voyez, dit Candide à Martin, que le crime est puni quelquefois ; ce coquin de patron hollandais a eu le sort qu'il méritait. — Oui, dit Martin ; mais fallait-il que les passagers qui étaient sur son

vaisseau périssent aussi ? Dieu a puni ce fripon, le diable a noyé les autres. »

Cependant le vaisseau français et l'espagnol continuèrent leur route, et Candide continua ses conversations avec Martin. Ils disputèrent quinze jours de suite, et au bout de quinze jours ils étaient aussi avancés que le premier. Mais enfin ils parlaient, ils se communiquaient des idées, ils se consolaient. Candide caressait son mouton. « Puisque je t'ai retrouvé, dit-il, je pourrai bien retrouver Cunégonde. »

CHAPITRE XXI

CANDIDE ET MARTIN APPROCHENT DES COTES DE FRANCE,
ET RAISONNENT

ON aperçut enfin les côtes de France. « Avez-vous jamais été en France, Monsieur Martin? dit Candide. — Oui, dit Martin, j'ai parcouru plusieurs provinces. Il y en a où la moitié des habitants est folle, quelques-unes où l'on est trop rusé, d'autres où l'on est communément assez doux et assez bête, d'autres où l'on fait le bel esprit ; et, dans toutes, la principale occupation est l'amour, la seconde de médire, et la troisième de dire des sottises. — Mais, Monsieur Martin, avez-vous vu Paris? — Oui, j'ai vu Paris ; il tient de toutes ces espèces-là ; c'est un chaos, c'est une presse dans laquelle tout le monde cherche le plaisir, et où presque personne ne le trouve, du moins à ce qu'il m'a paru. J'y ai séjourné peu ; j'y fus volé, en arrivant, de tout ce que j'avais, par des filous, à la foire Saint-Germain ; on me prit moi-même pour un voleur, et je fus huit jours en prison ; après quoi je me fis correcteur d'imprimerie pour gagner de quoi retourner à pied en Hollande. Je connus la canaille écrivante, la canaille cabalante et la canaille convulsionnaire. On dit qu'il y a des gens fort polis dans cette ville-là ; je le veux croire.

— Pour moi, je n'ai nulle curiosité de voir la France, dit Candide ; vous devinez aisément que, quand

on a passé un mois dans Eldorado, on ne se soucie plus de rien voir sur la terre que M^{lle} Cunégonde ; je vais l'attendre à Venise ; nous traverserons la France pour aller en Italie ; ne m'accompagnerez-vous pas ? — Très volontiers, dit Martin ; on dit que Venise n'est bonne que pour les nobles vénitiens, mais que cependant on y reçoit très bien les étrangers quand ils ont beaucoup d'argent ; je n'en ai point, vous en avez, je vous suivrai partout. — A propos, dit Candide, pensez-vous que la terre ait été originairement une mer, comme on l'assure dans ce gros livre qui appartient au capitaine du vaisseau ? — Je n'en crois rien du tout, dit Martin, non plus que de toutes les rêveries qu'on nous débite depuis quelque temps. — Mais à quelle fin ce monde a-t-il donc été formé ? dit Candide. — Pour nous faire enrager, répondit Martin. — N'êtes-vous pas bien étonné, continua Candide, de l'amour que ces deux filles du pays des Oreillons avaient pour ces deux singes, et dont je vous ai conté l'aventure ? — Point du tout, dit Martin ; je ne vois pas ce que cette passion a d'étrange ; j'ai tant vu de choses extraordinaires qu'il n'y a plus rien d'extraordinaire. — Croyez-vous, dit Candide, que les hommes se soient toujours mutuellement massacrés comme ils font aujourd'hui ? qu'ils aient toujours été menteurs, fourbes, perfides, ingrats, brigands, faibles, volages, lâches, envieux, gourmands, ivrognes, avares, ambitieux, sanguinaires, calomniateurs, débauchés, fanatiques, hypocrites et sots ? — Croyez-vous, dit

Martin, que les éperviers aient toujours mangé
des pigeons quand ils en ont trouvé? — Oui, sans
doute, dit Candide. — Eh bien! dit Martin, si les
éperviers ont toujours eu le même caractère, pour-
quoi voulez-vous que les hommes aient changé le
leur? — Oh! dit Candide, il y a bien de la diffé-
rence, car le libre arbitre... » En raisonnant ainsi,
ils arrivèrent à Bordeaux.

CHAPITRE XXII

CANDIDE ne s'arrêta dans Bordeaux qu'autant de temps qu'il en fallait pour vendre quelques cailloux du Dorado, et pour s'accommoder d'une bonne chaise à deux places : car il ne pouvait plus se passer de son philosophe Martin ; il fut seulement très fâché de se séparer de son mouton, qu'il laissa à l'Académie des sciences de Bordeaux, laquelle proposa pour le sujet du prix de cette année de trouver pourquoi la laine de ce mouton était rouge ; et le prix fut adjugé à un savant du Nord, qui démontra par A plus B, moins C, divisé par Z, que le mouton devait être rouge, et mourir de la clavelée.

Cependant tous les voyageurs que Candide rencontra dans les cabarets de la route lui disaient : « Nous allons à Paris. » Cet empressement général lui donna enfin l'envie de voir cette capitale ; ce n'était pas beaucoup se détourner du chemin de Venise.

Il entra par le faubourg Saint-Marceau, et crut être dans le plus vilain village de la Westphalie.

A peine Candide fut-il dans son auberge qu'il fut attaqué d'une maladie légère causée par ses fatigues. Comme il avait au doigt un diamant énorme, et qu'on avait aperçu dans son équipage une cassette prodigieusement pesante, il eut aussitôt

auprès de lui deux médecins qu'il n'avait pas mandés, quelques amis intimes qui ne le quittèrent pas, et deux dévotes qui faisaient chauffer ses bouillons. Martin disait : « Je me souviens d'avoir été malade aussi à Paris dans mon premier voyage ; j'étais fort pauvre : aussi n'eus-je ni amis, ni dévotes, ni médecins, et je guéris. »

Cependant, à force de médecines et de saignées, la maladie de Candide devint sérieuse. Un habitué du quartier vint avec douceur lui demander un billet payable au porteur pour l'autre monde ; Candide n'en voulut rien faire. Les dévotes l'assurèrent que c'était une nouvelle mode ; Candide répondit qu'il n'était point homme à la mode. Martin voulut jeter l'habitué par les fenêtres ; le clerc jura qu'on n'enterrerait point Candide ; Martin jura qu'il enterrerait le clerc s'il continuait à les importuner. La querelle s'échauffa ; Martin le prit par les épaules, et le chassa rudement ; ce qui causa un grand scandale, dont on fit un procès-verbal.

Candide guérit ; et pendant sa convalescence il eut très bonne compagnie à souper chez lui. On jouait gros jeu. Candide était tout étonné que jamais les as ne lui vinssent ; et Martin ne s'en étonnait pas.

Parmi ceux qui lui faisaient les honneurs de la ville, il y avait un petit abbé périgourdin, l'un de ces gens empressés, toujours alertes, toujours serviables, effrontés, caressants, accommodants, qui guettent les étrangers à leur passage, leur content

l'histoire scandaleuse de la ville, et leur offrent des plaisirs à tout prix. Celui-ci mena d'abord Candide et Martin à la comédie. On y jouait une tragédie nouvelle. Candide se trouva placé auprès de quelques beaux esprits. Cela ne l'empêcha pas de pleurer à des scènes jouées parfaitement. Un des raisonneurs qui étaient à ses côtés lui dit dans un entr'acte : « Vous avez grand tort de pleurer : cette actrice est fort mauvaise ; l'acteur qui joue avec elle est plus mauvais acteur encore ; la pièce est encore plus mauvaise que les acteurs ; l'auteur ne sait pas un mot d'arabe, et cependant la scène est en Arabie ; et, de plus, c'est un homme qui ne croit pas aux idées innées : je vous apporterai demain vingt brochures contre lui. — Monsieur, combien avez-vous de pièces de théâtre en France ? » dit Candide à l'abbé, lequel répondit : « Cinq ou six mille. — C'est beaucoup, dit Candide ; combien y en a-t-il de bonnes ? — Quinze ou seize, répliqua l'autre. — C'est beaucoup », dit Martin.

Candide fut très content d'une actrice qui faisait la reine Élisabeth dans une assez plate tragédie que l'on joue quelquefois. « Cette actrice, dit-il à Martin, me plaît beaucoup ; elle a un faux air de M^{lle} Cunégonde ; je serais bien aise de la saluer. » L'abbé périgourdin s'offrit à l'introduire chez elle. Candide, élevé en Allemagne, demanda quelle était l'étiquette, et comment on traitait en France les reines d'Angleterre. « Il faut distinguer, dit l'abbé ; en province, on les mène au cabaret ; à Paris, on

les respecte quand elles sont belles, et on les jette
à la voirie quand elles sont mortes. — Des reines
à la voirie! dit Candide. — Oui vraiment, dit
Martin; monsieur l'abbé a raison : j'étais à Paris
quand M^{lle} Monime passa, comme on dit, de cette
vie à l'autre; on lui refusa ce que ces gens-ci
appellent *les honneurs de la sépulture,* c'est-à-dire de
pourrir avec tous les gueux du quartier dans un
vilain cimetière; elle fut enterrée toute seule de sa
bande au coin de la rue de Bourgogne; ce qui dut
lui faire une peine extrême, car elle pensait très
noblement. — Cela est bien impoli, dit Candide.
— Que voulez-vous? dit Martin; ces gens-ci sont
ainsi faits. Imaginez toutes les contradictions,
toutes les incompatibilités possibles, vous les ver-
rez dans le gouvernement, dans les tribunaux, dans
les églises, dans les spectacles de cette drôle de
nation. — Est-il vrai qu'on rit toujours à Paris?
dit Candide. — Oui, dit l'abbé, mais c'est en enra-
geant : car on s'y plaint de tout avec de grands
éclats de rire; même on y fait en riant les actions
les plus détestables.

— Quel est, dit Candide, ce gros cochon qui
me disait tant de mal de la pièce où j'ai tant pleuré
et des acteurs qui m'ont fait tant de plaisir? — C'est
un mal vivant, répondit l'abbé, qui gagne sa vie
à dire du mal de toutes les pièces et de tous les
livres; il hait quiconque réussit, comme les eunuques
haïssent les jouissants : c'est un de ces serpents de
la littérature qui se nourrissent de fange et de
venin; c'est un folliculaire. — Qu'appelez-vous

folliculaire? dit Candide. — C'est, dit l'abbé, un faiseur de feuilles, un F... »

C'est ainsi que Candide, Martin et le Périgourdin raisonnaient sur l'escalier en voyant défiler le monde au sortir de la pièce. « Quoique je sois très empressé de revoir M^{lle} Cunégonde, dit Candide, je voudrais pourtant souper avec M^{lle} Clairon, car elle m'a paru admirable. »

L'abbé n'était pas homme à approcher de M^{lle} Clairon, qui ne voyait que bonne compagnie. « Elle est engagée pour ce soir, dit-il; mais j'aurai l'honneur de vous mener chez une dame de qualité, et là vous connaîtrez Paris comme si vous y aviez été quatre ans. »

Candide, qui était naturellement curieux, se laissa mener chez la dame, au fond du faubourg Saint-Honoré; on y était occupé d'un pharaon; douze tristes pontes tenaient chacun en main un petit livre de cartes, registre cornu de leurs infortunes. Un profond silence régnait, la pâleur était sur le front des pontes, l'inquiétude sur celui du banquier, et la dame du logis, assise auprès de ce banquier impitoyable, remarquait avec des yeux de lynx tous les parolis, tous les sept et le va de campagne, dont chaque joueur cornait ses cartes; elle les faisait décorner avec une attention sévère mais polie, et ne se fâchait point, de peur de perdre ses pratiques : la dame se faisait appeler la marquise de Parolignac. Sa fille, âgée de quinze ans, était au nombre des pontes et avertissait d'un clin d'œil des friponneries de ces pauvres gens qui

tâchaient de réparer les cruautés du sort. L'abbé périgourdin, Candide et Martin entrèrent; personne ne se leva, ni les salua, ni les regarda; tous étaient profondément occupés de leurs cartes. « M^{me} la baronne de Thunder-ten-tronckh était plus civile », dit Candide.

Cependant l'abbé s'approcha de l'oreille de la marquise qui se leva à moitié, honora Candide d'un sourire gracieux, et Martin d'un air de tête tout à fait noble; elle fit donner un siège et un jeu de cartes à Candide, qui perdit cinquante mille francs en deux tailles : après quoi on soupa très gaiement, et tout le monde était étonné que Candide ne fût pas ému de sa perte; les laquais disaient entre eux, dans leur langage de laquais : « Il faut que ce soit quelque milord anglais. »

Le souper fut comme la plupart des soupers de Paris : d'abord du silence, ensuite un bruit de paroles qu'on ne distingue point, puis des plaisanteries dont la plupart sont insipides, de fausses nouvelles, de mauvais raisonnements, un peu de politique et beaucoup de médisance; on parla même de livres nouveaux. « Avez-vous vu, dit l'abbé périgourdin, le roman du sieur Gauchat, docteur en théologie? — Oui, répondit un des convives, mais je n'ai pu l'achever. Nous avons une foule d'écrits impertinents, mais tous ensemble n'approchent pas de l'impertinence de Gauchat, docteur en théologie; je suis si rassasié de cette immensité de détestables livres qui nous inondent que je me suis mis à ponter au pharaon. — Et les

Mélanges de l'archidiacre T..., qu'en dites-vous? dit l'abbé. — Ah! dit M^{me} de Parolignac, l'ennuyeux mortel! comme il vous dit curieusement tout ce que le monde sait! comme il discute pesamment ce qui ne vaut pas la peine d'être remarqué légèrement! comme il s'approprie sans esprit l'esprit des autres! comme il gâte ce qu'il pille! comme il me dégoûte! Mais il ne me dégoûtera plus; c'est assez d'avoir lu quelques pages de l'archidiacre. »

Il y avait à table un homme savant et de goût qui appuya ce que disait la marquise. On parla ensuite de tragédie; la dame demanda pourquoi il y avait des tragédies qu'on jouait quelquefois, et qu'on ne pouvait lire. L'homme de goût expliqua très bien comment une pièce pouvait avoir quelque intérêt et n'avoir presque aucun mérite; il prouva en peu de mots que ce n'était pas assez d'amener une ou deux de ces situations qu'on trouve dans tous les romans, et qui séduisent toujours les spectateurs, mais qu'il faut être neuf sans être bizarre, souvent sublime et toujours naturel; connaître le cœur humain et le faire parler; être grand poète sans que jamais aucun personnage de la pièce paraisse poète; savoir parfaitement sa langue, la parler avec pureté, avec une harmonie continue, sans que jamais la rime coûte rien au sens. « Quiconque, ajouta-t-il, n'observe pas toutes ces règles, peut faire une ou deux tragédies applaudies au théâtre, mais il ne sera jamais compté au rang des bons écrivains; il y a très peu de bonnes tragédies : les unes sont des idylles en dialogues bien

écrits et bien rimés; les autres, des raisonnements politiques qui endorment, ou des amplifications qui rebutent; les autres, des rêves d'énergumène, en style barbare, des propos interrompus, de longues apostrophes aux dieux, parce qu'on ne sait point parler aux hommes, des maximes fausses, des lieux communs ampoulés. »

Candide écouta ce propos avec attention et conçut une grande idée du discoureur; et, comme la marquise avait eu soin de le placer à côté d'elle, il s'approcha de son oreille, et prit la liberté de lui demander qui était cet homme qui parlait si bien. « C'est un savant, dit la dame, qui ne ponte point, et que l'abbé m'amène quelquefois à souper : il se connaît parfaitement en tragédies et en livres, et il a fait une tragédie sifflée et un livre dont on n'a jamais vu hors de la boutique de son libraire qu'un exemplaire qu'il m'a dédié. — Le grand homme! dit Candide; c'est un autre Pangloss. »

Alors, se tournant vers lui, il lui dit : « Monsieur, vous pensez sans doute que tout est au mieux dans le monde physique et dans le moral, et que rien ne pouvait être autrement? — Moi, Monsieur, lui répondit le savant, je ne pense rien de tout cela; je trouve que tout va de travers chez nous; que personne ne sait ni quel est son rang, ni quelle est sa charge, ni ce qu'il fait, ni ce qu'il doit faire, et qu'excepté le souper, qui est assez gai et où il paraît assez d'union, tout le reste du temps se passe en querelles impertinentes : jansénistes contre molinistes, gens du parlement contre gens d'église, gens

de lettres contre gens de lettres, courtisans contre courtisans, financiers contre le peuple, femmes contre maris, parents contre parents; c'est une guerre éternelle. »

Candide lui répliqua : « J'ai vu pis; mais un sage, qui depuis a eu le malheur d'être pendu, m'apprit que tout cela est à merveille ; ce sont des ombres à un beau tableau. — Votre pendu se moquait du monde, dit Martin; vos ombres sont des taches horribles. — Ce sont les hommes qui font les taches, dit Candide, et ils ne peuvent pas s'en dispenser. — Ce n'est donc pas leur faute », dit Martin. La plupart des pontes, qui n'entendaient rien à ce langage, buvaient; et Martin raisonna avec le savant, et Candide raconta une partie de ses aventures à la dame du logis.

Après souper, la marquise mena Candide dans son cabinet et le fit asseoir sur un canapé. « Eh bien! lui dit-elle, vous aimez donc toujours éperdument M$^{\text{lle}}$ Cunégonde de Thunder-ten-tronckh? — Oui, Madame », répondit Candide. La marquise lui répliqua avec un souris tendre : « Vous me répondez comme un jeune homme de Westphalie; un Français m'aurait dit : « Il est vrai que j'ai « aimé M$^{\text{lle}}$ Cunégonde; mais en vous voyant, « Madame, je crains de ne la plus aimer. » — Hélas! Madame, dit Candide, je répondrai comme vous voudrez. — Votre passion pour elle, dit la marquise, a commencé en ramassant son mouchoir; je veux que vous ramassiez ma jarretière. — De tout mon cœur », dit Candide; et il la ramassa. « Mais

je veux que vous me la remettiez », dit la dame ; et Candide la lui remit. « Voyez-vous, dit la dame, vous êtes étranger ; je fais quelquefois languir mes amants de Paris quinze jours, mais je me rends à vous dès la première nuit, parce qu'il faut faire les honneurs de son pays à un jeune homme de Westphalie. » La belle, ayant aperçu deux énormes diamants aux deux mains de son jeune étranger, les loua de si bonne foi que des doigts de Candide ils passèrent aux doigts de la marquise.

Candide, en s'en retournant avec son abbé périgourdin, sentit quelques remords d'avoir fait une infidélité à M^{lle} Cunégonde ; monsieur l'abbé entra dans sa peine ; il n'avait qu'une légère part aux cinquante mille livres perdues au jeu par Candide, et à la valeur des deux brillants moitié donnés, moitié extorqués. Son dessein était de profiter, autant qu'il le pourrait, des avantages que la connaissance de Candide pouvait lui procurer. Il lui parla beaucoup de Cunégonde ; et Candide lui dit qu'il demanderait bien pardon à cette belle de son infidélité, quand il la verrait à Venise.

Le Périgourdin redoublait de politesses et d'attentions, et prenait un intérêt tendre à tout ce que Candide disait, à tout ce qu'il faisait, à tout ce qu'il voulait faire.

« Vous avez donc, Monsieur, lui dit-il, un rendez-vous à Venise ? — Oui, Monsieur l'abbé, dit Candide ; il faut absolument que j'aille trouver M^{lle} Cunégonde. » Alors, engagé par le plaisir de parler de ce qu'il aimait, il conta, selon son usage,

une partie de ses aventures avec cette illustre Westphalienne.

« Je crois, dit l'abbé, que M^{lle} Cunégonde a bien de l'esprit, et qu'elle écrit des lettres charmantes. — Je n'en ai jamais reçu, dit Candide : car figurez-vous qu'ayant été chassé du château pour l'amour d'elle, je ne pus lui écrire; que bientôt après j'appris qu'elle était morte, qu'ensuite je la retrouvai, et que je la perdis, et que je lui ai envoyé à deux mille cinq cents lieues d'ici un exprès dont j'attends la réponse. »

L'abbé écoutait attentivement et paraissait un peu rêveur. Il prit bientôt congé des deux étrangers, après les avoir tendrement embrassés. Le lendemain Candide reçut à son réveil une lettre conçue en ces termes :

Monsieur mon très cher amant, il y a huit jours que je suis malade en cette ville; j'apprends que vous y êtes. Je volerais dans vos bras si je pouvais remuer. J'ai su votre passage à Bordeaux; j'y ai laissé le fidèle Cacambo et la vieille, qui doivent bientôt me suivre. Le gouverneur de Buenos-Ayres a tout pris, mais il me reste votre cœur. Venez, votre présence me rendra la vie ou me fera mourir de plaisir.

Cette lettre charmante, cette lettre inespérée, transporta Candide d'une joie inexprimable; et la maladie de sa chère Cunégonde l'accabla de douleur. Partagé entre ces deux sentiments, il prend son or et ses diamants, et se fait conduire avec Martin à l'hôtel où M^{lle} Cunégonde demeurait. Il

entre en tremblant d'émotion, son cœur palpite, sa voix sanglote; il veut ouvrir les rideaux du lit, il veut faire apporter de la lumière. « Gardez-vous-en bien, lui dit la suivante, la lumière la tue »; et soudain elle referme le rideau. « Ma chère Cunégonde, dit Candide en pleurant, comment vous portez-vous? si vous ne pouvez me voir, parlez-moi du moins. — Elle ne peut parler », dit la suivante. La dame alors tire du lit une main potelée que Candide arrose longtemps de ses larmes, et qu'il remplit ensuite de diamants, en laissant un sac d'or sur le fauteuil.

Au milieu de ses transports arrive un exempt suivi de l'abbé périgourdin et d'une escouade. « Voilà donc, dit-il, ces deux étrangers suspects? » Il les fait incontinent saisir et ordonne à ses braves de les traîner en prison. « Ce n'est pas ainsi qu'on traite les voyageurs dans le Dorado, dit Candide. — Je suis plus manichéen que jamais, dit Martin. — Mais, Monsieur, où nous menez-vous? dit Candide. — Dans un cul de basse-fosse », dit l'exempt.

Martin, ayant repris son sang-froid, jugca que la dame qui se prétendait Cunégonde était une friponne, monsieur l'abbé périgourdin un fripon qui avait abusé au plus vite de l'innocence de Candide, et l'exempt un autre fripon dont on pouvait aisément se débarrasser.

Plutôt que de s'exposer aux procédures de la justice, Candide, éclairé par son conseil, et d'ailleurs toujours impatient de revoir la véritable

Cunégonde, propose à l'exempt trois petits diamants d'environ trois mille pistoles chacun. « Ah! Monsieur, lui dit l'homme au bâton d'ivoire, eussiez-vous commis tous les crimes imaginables, vous êtes le plus honnête homme du monde; trois diamants! chacun de trois mille pistoles! Monsieur! je me ferais tuer pour vous, au lieu de vous mener dans un cachot. On arrête tous les étrangers, mais laissez-moi faire; j'ai un frère à Dieppe en Normandie, je vais vous y mener; et si vous avez quelque diamant à lui donner, il aura soin de vous comme de moi-même. — Et pourquoi arrête-t-on tous les étrangers? » dit Candide.

L'abbé périgourdin prit alors la parole et dit : « C'est parce qu'un gueux du pays d'Atrébatie a entendu dire des sottises : cela seul lui a fait commettre un parricide, non pas tel que celui de 1610 au mois de mai, mais tel que celui de 1594 au mois de décembre, et tel que plusieurs autres commis dans d'autres années et dans d'autres mois par d'autres gueux qui avaient entendu dire des sottises. »

L'exempt alors expliqua de quoi il s'agissait. « Ah! les monstres! s'écria Candide; quoi! de telles horreurs chez un peuple qui danse et qui chante? Ne pourrai-je sortir au plus vite de ce pays où des singes agacent des tigres? J'ai vu des ours dans mon pays; je n'ai vu des hommes que dans le Dorado. Au nom de Dieu, Monsieur l'exempt, menez-moi à Venise, où je dois attendre M^{lle} Cunégonde. — Je ne peux vous mener qu'en

Basse-Normandie », dit le barigel. Aussitôt il lui fait ôter ses fers, dit qu'il s'est mépris, renvoie ses gens, emmène à Dieppe Candide et Martin, et les laisse entre les mains de son frère. Il y avait un petit vaisseau hollandais à la rade. Le Normand, à l'aide de trois autres diamants devenu le plus serviable des hommes, embarque Candide et ses gens dans le vaisseau qui allait faire voile pour Portsmouth en Angleterre. Ce n'était pas le chemin de Venise ; mais Candide croyait être délivré de l'enfer, et il comptait bien reprendre la route de Venise à la première occasion.

CHAPITRE XXIII

Ah! Pangloss! Pangloss! Ah! Martin! Martin! Ah! ma chère Cunégonde! qu'est-ce que ce monde-ci? disait Candide sur le vaisseau hollandais. — Quelque chose de bien fou et de bien abominable, répondait Martin. — Vous connaissez l'Angleterre; y est-on aussi fou qu'en France? — C'est une autre espèce de folie, dit Martin. Vous savez que ces deux nations sont en guerre pour quelques arpents de neige vers le Canada, et qu'elles dépensent pour cette belle guerre beaucoup plus que tout le Canada ne vaut. De vous dire précisément s'il y a plus de gens à lier dans un pays que dans un autre, c'est ce que mes faibles lumières ne me permettent pas; je sais seulement qu'en général les gens que nous allons voir sont fort atrabilaires. »

En causant ainsi ils abordèrent à Portsmouth; une multitude de peuple couvrait le rivage, et regardait attentivement un assez gros homme qui était à genoux, les yeux bandés, sur le tillac d'un des vaisseaux de la flotte; quatre soldats, postés vis-à-vis de cet homme, lui tirèrent chacun trois balles dans le crâne, le plus paisiblement du monde; et toute l'assemblée s'en retourna extrêmement satisfaite. « Qu'est-ce donc que tout ceci?

dit Candide, et quel démon exerce partout son empire? » Il demanda qui était ce gros homme qu'on venait de tuer en cérémonie. « C'est un amiral, lui répondit-on. — Et pourquoi tuer cet amiral? — C'est, lui dit-on, parce qu'il n'a pas fait tuer assez de monde; il a livré un combat à un amiral français, et on a trouvé qu'il n'était pas assez près de lui. — Mais, dit Candide, l'amiral français était aussi loin de l'amiral anglais que celui-ci l'était de l'autre! — Cela est incontestable, lui répliqua-t-on; mais dans ce pays-ci il est bon de tuer de temps en temps un amiral pour encourager les autres. »

Candide fut si étourdi et si choqué de ce qu'il voyait et de ce qu'il entendait qu'il ne voulut pas seulement mettre pied à terre, et qu'il fit son marché avec le patron hollandais (dût-il le voler comme celui de Surinam) pour le conduire sans délai à Venise.

Le patron fut prêt au bout de deux jours. On côtoya la France; on passa à la vue de Lisbonne, et Candide frémit. On entra dans le détroit et dans la Méditerranée; enfin on aborda à Venise. « Dieu soit loué! dit Candide en embrassant Martin; c'est ici que je reverrai la belle Cunégonde. Je compte sur Cacambo comme sur moi-même. Tout est bien, tout va bien, tout va le mieux qu'il soit possible. »

CHAPITRE XXIV

Dès qu'il fut à Venise, il fit chercher Cacambo dans tous les cabarets, dans tous les cafés, chez toutes les filles de joie, et ne le trouva point. Il envoyait tous les jours à la découverte de tous les vaisseaux et de toutes les barques : nulles nouvelles de Cacambo. « Quoi ! disait-il à Martin, j'ai eu le temps de passer de Surinam à Bordeaux, d'aller de Bordeaux à Paris, de Paris à Dieppe, de Dieppe à Portsmouth, de côtoyer le Portugal et l'Espagne, de traverser toute la Méditerranée, de passer quelques mois à Venise; et la belle Cunégonde n'est point venue ! Je n'ai rencontré au lieu d'elle qu'une drôlesse et un abbé périgourdin ! Cunégonde est morte sans doute; je n'ai plus qu'à mourir. Ah ! il valait mieux rester dans le paradis du Dorado que de revenir dans cette maudite Europe. Que vous avez raison, mon cher Martin ! tout n'est qu'illusion et calamité. »

Il tomba dans une mélancolie noire, et ne prit aucune part à l'opéra *alla moda* ni aux autres divertissements du carnaval; pas une dame ne lui donna la moindre tentation. Martin lui dit : « Vous êtes bien simple, en vérité, de vous figurer qu'un valet métis qui a cinq ou six millions dans ses poches ira chercher votre maîtresse au bout du monde et vous l'amènera à Venise. Il la prendra

pour lui, s'il la trouve; s'il ne la trouve pas, il en
prendra une autre : je vous conseille d'oublier
votre valet Cacambo et votre maîtresse Cuné-
gonde. » Martin n'était pas consolant. La mélan-
colie de Candide augmenta, et Martin ne cessait
de lui prouver qu'il y avait peu de vertu et peu de
bonheur sur la terre, excepté peut-être dans Eldo-
rado, où personne ne pouvait aller.

En disputant sur cette matière importante, et
en attendant Cunégonde, Candide aperçut un
jeune théatin dans la place Saint-Marc, qui tenait
sous le bras une fille. Le théatin paraissait frais,
potelé, vigoureux; ses yeux étaient brillants, son
air assuré, sa mine haute, sa démarche fière. La
fille était très jolie et chantait; elle regardait
amoureusement son théatin, et de temps en temps
lui pinçait ses grosses joues. « Vous m'avouerez
du moins, dit Candide à Martin, que ces gens-ci
sont heureux. Je n'ai trouvé jusqu'à présent dans
toute la terre habitable, excepté dans Eldorado,
que des infortunés ; mais pour cette fille et ce théa-
tin, je gage que ce sont des créatures très heu-
reuses. — Je gage que non, dit Martin. — Il n'y
a qu'à les prier à dîner, dit Candide, et vous ver-
rez si je me trompe. »

Aussitôt il les aborde, il leur fait son compli-
ment, et les invite à venir à son hôtellerie manger
des macaronis, des perdrix de Lombardie, des
œufs d'esturgeon, et à boire du vin de Montepul-
ciano, du lacryma-christi, du chypre et du samos.
La demoiselle rougit, le théatin accepta la partie,

et la fille le suivit en regardant Candide avec des yeux de surprise et de confusion qui furent obscurcis de quelques larmes. A peine fut-elle entrée dans la chambre de Candide qu'elle lui dit : « Eh quoi! Monsieur Candide ne reconnaît plus Paquette! » A ces mots, Candide, qui ne l'avait pas considérée jusque-là avec attention, parce qu'il n'était occupé que de Cunégonde, lui dit : « Hélas! ma pauvre enfant, c'est donc vous qui avez mis le docteur Pangloss dans le bel état où je l'ai vu? — Hélas! Monsieur, c'est moi-même, dit Paquette; je vois que vous êtes instruit de tout. J'ai su les malheurs épouvantables arrivés à toute la maison de madame la baronne et à la belle Cunégonde. Je vous jure que ma destinée n'a guère été moins triste. J'étais fort innocente quand vous m'avez vue. Un cordelier qui était mon confesseur me séduisit aisément. Les suites en furent affreuses; je fus obligée de sortir du château quelque temps après que monsieur le baron vous eut renvoyé à grands coups de pied dans le derrière. Si un fameux médecin n'avait pas pris pitié de moi, j'étais morte. Je fus quelque temps par reconnaissance la maîtresse de ce médecin. Sa femme, qui était jalouse à la rage, me battait tous les jours impitoyablement; c'était une furie, ce médecin était le plus laid de tous les hommes, et moi la plus malheureuse de toutes les créatures d'être battue continuellement pour un homme que je n'aimais pas. Vous savez, Monsieur, combien il est dangereux pour une femme acariâtre d'être

l'épouse d'un médecin. Celui-ci, outré des procédés de sa femme, lui donna un jour, pour la guérir d'un petit rhume, une médecine si efficace qu'elle en mourut en deux heures de temps dans des convulsions horribles. Les parents de madame intentèrent à monsieur un procès criminel; il prit la fuite, et moi je fus mise en prison. Mon innocence ne m'aurait pas sauvée si je n'avais été un peu jolie. Le juge m'élargit à condition qu'il succéderait au médecin. Je fus bientôt supplantée par une rivale, chassée sans récompense, et obligée de continuer ce métier abominable qui vous paraît si plaisant à vous autres hommes, et qui n'est pour nous qu'un abîme de misères. J'allai exercer la profession à Venise. Ah! Monsieur, si vous pouviez vous imaginer ce que c'est que d'être obligée de caresser indifféremment un vieux marchand, un avocat, un moine, un gondolier, un abbé; d'être exposée à toutes les insultes, à toutes les avanies; d'être souvent réduite à emprunter une jupe pour aller se la faire lever par un homme dégoûtant; d'être volée par l'un de ce qu'on a gagné avec l'autre; d'être rançonnée par les officiers de justice, et de n'avoir en perspective qu'une vieillesse affreuse, un hôpital et un fumier, vous concluriez que je suis une des plus malheureuses créatures du monde. »

Paquette ouvrait ainsi son cœur au bon Candide, dans un cabinet, en présence de Martin, qui disait à Candide : « Vous voyez que j'ai déjà gagné la moitié de la gageure. »

Frère Giroflée était resté dans la salle à manger, et buvait un coup en attendant le dîner. « Mais, dit Candide à Paquette, vous aviez l'air si gai, si content, quand je vous ai rencontrée; vous chantiez, vous caressiez le théatin avec une complaisance naturelle; vous m'avez paru aussi heureuse que vous prétendez être infortunée. — Ah! Monsieur, répondit Paquette, c'est encore là une des misères du métier. J'ai été hier volée et battue par un officier, et il faut aujourd'hui que je paraisse de bonne humeur pour plaire à un moine. »

Candide n'en voulut pas davantage; il avoua que Martin avait raison. On se mit à table avec Paquette et le théatin; le repas fut assez amusant, et sur la fin on se parla avec quelque confiance. « Mon père, dit Candide au moine, vous me paraissez jouir d'une destinée que tout le monde doit envier; la fleur de la santé brille sur votre visage, votre physionomie annonce le bonheur; vous avez une très jolie fille pour votre récréation, et vous paraissez très content de votre état de théatin. — Ma foi, Monsieur, dit frère Giroflée, je voudrais que tous les théatins fussent au fond de la mer. J'ai été tenté cent fois de mettre le feu au couvent, et d'aller me faire Turc. Mes parents me forcèrent à l'âge de quinze ans d'endosser cette détestable robe, pour laisser plus de fortune à un maudit frère aîné, que Dieu confonde! La jalousie, la discorde, la rage, habitent dans le couvent. Il est vrai que j'ai prêché quelques mauvais sermons qui m'ont valu un peu d'argent dont le prieur me

vole la moitié : le reste me sert à entretenir des filles ; mais, quand je rentre le soir dans le monastère, je suis prêt de me casser la tête contre les murs du dortoir ; et tous mes confrères sont dans le même cas. »

Martin se tournant vers Candide avec son sang-froid ordinaire : « Eh bien ! lui dit-il, n'ai-je pas gagné la gageure tout entière? » Candide donna deux mille piastres à Paquette et mille piastres à frère Giroflée. « Je vous réponds, dit-il, qu'avec cela ils seront heureux. — Je n'en crois rien du tout, dit Martin ; vous les rendrez peut-être avec ces piastres beaucoup plus malheureux encore. — Il en sera ce qui pourra, dit Candide ; mais une chose me console, je vois qu'on retrouve souvent les gens qu'on ne croyait jamais retrouver ; il se pourra bien faire qu'ayant rencontré mon mouton rouge et Paquette, je rencontre aussi Cunégonde. — Je souhaite, dit Martin, qu'elle fasse un jour votre bonheur ; mais c'est de quoi je doute fort. — Vous êtes bien dur, dit Candide. — C'est que j'ai vécu, dit Martin. — Mais regardez ces gondoliers, dit Candide ; ne chantent-ils pas sans cesse? — Vous ne les voyez pas dans leur ménage, avec leurs femmes et leurs marmots d'enfants, dit Martin. Le doge a ses chagrins, les gondoliers ont les leurs. Il est vrai qu'à tout prendre le sort d'un gondolier est préférable à celui d'un doge ; mais je crois la différence si médiocre que cela ne vaut pas la peine d'être examiné. — On parle, dit Candide, du sénateur Pococurante qui demeure dans

ce beau palais sur la Brenta, et qui reçoit assez bien les étrangers. On prétend que c'est un homme qui n'a jamais eu de chagrin. — Je voudrais voir une espèce si rare », dit Martin. Candide aussitôt fit demander au seigneur Pococurante la permission de venir le voir le lendemain.

CHAPITRE XXV

CANDIDE et Martin allèrent en gondole sur la Brenta et arrivèrent au palais du noble Pococurante. Les jardins étaient bien entendus et ornés de belles statues de marbre ; le palais, d'une belle architecture. Le maître du logis, homme de soixante ans, fort riche, reçut très poliment les deux curieux, mais avec très peu d'empressement, ce qui déconcerta Candide et ne déplut point à Martin.

D'abord deux filles jolies et proprement mises servirent du chocolat qu'elles firent très bien mousser. Candide ne put s'empêcher de les louer sur leur beauté, sur leur bonne grâce et sur leur adresse. « Ce sont d'assez bonnes créatures, dit le sénateur Pococurante ; je les fais quelquefois coucher dans mon lit, car je suis bien las des dames de la ville, de leurs coquetteries, de leurs jalousies, de leurs querelles, de leurs humeurs, de leurs petitesses, de leur orgueil, de leurs sottises, et des sonnets qu'il faut faire ou commander pour elles ; mais, après tout, ces deux filles commencent fort à m'ennuyer. »

Candide, après le déjeuner, se promenant dans une longue galerie, fut surpris de la beauté des tableaux. Il demanda de quel maître étaient les

deux premiers. « Ils sont de Raphaël, dit le sénateur ; je les achetai fort cher par vanité il y a quelques années ; on dit que c'est ce qu'il y a de plus beau en Italie, mais ils ne me plaisent point du tout : la couleur en est très rembrunie, les figures ne sont pas assez arrondies et ne sortent point assez ; les draperies ne ressemblent en rien à une étoffe : en un mot, quoi qu'on en dise, je ne trouve point là une imitation vraie de la nature. Je n'aimerai un tableau que quand je croirai voir la nature elle-même : il n'y en a point de cette espèce. J'ai beaucoup de tableaux, mais je ne les regarde plus. »

Pococurante, en attendant le dîner, se fit donner un concerto. Candide trouva la musique délicieuse. « Ce bruit, dit Pococurante, peut amuser une demiheure ; mais, s'il dure plus longtemps, il fatigue tout le monde, quoique personne n'ose l'avouer. La musique aujourd'hui n'est plus que l'art d'exécuter des choses difficiles, et ce qui n'est que difficile ne plaît point à la longue.

« J'aimerais peut-être mieux l'opéra, si on n'avait pas trouvé le secret d'en faire un monstre qui me révolte. Ira voir qui voudra de mauvaises tragédies en musique, où les scènes ne sont faites que pour amener très mal à propos deux ou trois chansons ridicules qui font valoir le gosier d'une actrice ; se pâmera de plaisir qui voudra ou qui pourra, en voyant un châtré fredonner le rôle de César et de Caton et se promener d'un air gauche sur des planches ; pour moi, il y a longtemps que

j'ai renoncé à ces pauvretés, qui font aujourd'hui la gloire de l'Italie, et que des souverains payent si chèrement. » Candide disputa un peu, mais avec discrétion. Martin fut entièrement de l'avis du sénateur.

On se mit à table, et, après un excellent dîner, on entra dans la bibliothèque. Candide, en voyant un Homère magnifiquement relié, loua l'illustrissime sur son bon goût. « Voilà, dit-il, un livre qui faisait les délices du grand Pangloss, le meilleur philosophe de l'Allemagne. — Il ne fait pas les miennes, dit froidement Pococurante; on me fit accroire autrefois que j'avais du plaisir en le lisant; mais cette répétition continuelle de combats qui se ressemblent tous, ces dieux qui agissent toujours pour ne rien faire de décisif, cette Hélène qui est le sujet de la guerre, et qui à peine est une actrice de la pièce; cette Troie qu'on assiège et qu'on ne prend point, tout cela me causait le plus mortel ennui. J'ai demandé quelquefois à des savants s'ils s'ennuyaient autant que moi à cette lecture : tous les gens sincères m'ont avoué que le livre leur tombait des mains, mais qu'il fallait toujours l'avoir dans sa bibliothèque, comme un monument de l'antiquité, et comme ces médailles rouillées qui ne peuvent être de commerce. — Votre Excellence ne pense pas ainsi de Virgile? dit Candide. — Je conviens, dit Pococurante, que le second, le quatrième et le sixième livre de son *Énéide* sont excellents; mais pour son pieux Énée, et le fort Cloanthe, et l'ami Achates, et le petit

Ascanius, et l'imbécile roi Latinus, et la bourgeoise
Amata, et l'insipide Lavinia, je ne crois pas qu'il
y ait rien de si froid et de plus désagréable. J'aime
mieux le Tasse et les contes à dormir debout de
l'Arioste.

— Oserais-je vous demander, Monsieur, dit
Candide, si vous n'avez pas un grand plaisir à
lire Horace? — Il y a des maximes, dit Pococu-
rante, dont un homme du monde peut faire son
profit, et qui, étant resserrées dans des vers éner-
giques, se gravent plus aisément dans la mémoire ;
mais je me soucie fort peu de son voyage à Brindes,
et de sa description d'un mauvais dîner, et de la
querelle de crocheteurs entre je ne sais quel
Pupilus, dont les paroles, dit-il, *étaient pleines de
pus,* et un autre dont les paroles *étaient du vinaigre.*
Je n'ai lu qu'avec un extrême dégoût ses vers
grossiers contre des vieilles et contre des sorcières ;
et je ne vois pas quel mérite il peut y avoir à dire
à son ami Mæcenas que, s'il est mis par lui au
rang des poètes lyriques, il frappera les astres de
son front sublime. Les sots admirent tout dans un
auteur estimé. Je ne lis que pour moi ; je n'aime
que ce qui est à mon usage. » Candide, qui avait
été élevé à ne jamais juger de rien par lui-même,
était fort étonné de ce qu'il entendait ; et Martin
trouvait la façon de penser de Pococurante assez
raisonnable.

« Oh ! voici un Cicéron, dit Candide ; pour ce
grand homme-là, je pense que vous ne vous lassez
point de le lire ? — Je ne le lis jamais, répondit

le Vénitien. Que m'importe qu'il ait plaidé pour Rabirius ou pour Cluentius ? J'ai bien assez des procès que je juge ; je me serais mieux accommodé de ses œuvres philosophiques ; mais, quand j'ai vu qu'il doutait de tout, j'ai conclu que j'en savais autant que lui et que je n'avais besoin de personne pour être ignorant.

— Ah ! voilà quatre-vingts volumes de recueils d'une académie des sciences, s'écria Martin ; il se peut qu'il y ait là du bon. — Il y en aurait, dit Pococurante, si un seul des auteurs de ces fatras avait inventé seulement l'art de faire des épingles ; mais il n'y a dans tous ces livres que de vains systèmes et pas une seule chose utile.

— Que de pièces de théâtre je vois là, dit Candide, en italien, en espagnol, en français ! — Oui, dit le sénateur, il y en a trois mille, et pas trois douzaines de bonnes. Pour ces recueils de sermons, qui tous ensemble ne valent pas une page de Sénèque, et tous ces gros volumes de théologie, vous pensez bien que je ne les ouvre jamais, ni moi ni personne. »

Martin aperçut des rayons chargés de livres anglais. « Je crois, dit-il, qu'un républicain doit se plaire à la plupart de ces ouvrages écrits si librement. — Oui, répondit Pococurante, il est beau d'écrire ce qu'on pense ; c'est le privilège de l'homme. Dans toute notre Italie, on n'écrit que ce qu'on ne pense pas ; ceux qui habitent la patrie des Césars et des Antonins n'osent avoir une idée sans la permission d'un jacobin. Je

serais content de la liberté qui inspire les génies anglais si la passion et l'esprit de parti ne corrompaient pas tout ce que cette précieuse liberté a d'estimable. »

Candide, apercevant un Milton, lui demanda s'il ne regardait pas cet auteur comme un grand homme. « Qui? dit Pococurante, ce barbare qui fait un long commentaire du premier chapitre de la Genèse en dix livres de vers durs? ce grossier imitateur des Grecs, qui défigure la création, et qui, tandis que Moïse représente l'Être éternel produisant le monde par la parole, fait prendre un grand compas par le Messiah dans une armoire du ciel pour tracer son ouvrage? Moi, j'estimerais celui qui a gâté l'enfer et le diable du Tasse; qui déguise Lucifer tantôt en crapaud, tantôt en pygmée? qui lui fait rebattre cent fois les mêmes discours; qui le fait disputer sur la théologie; qui, en imitant sérieusement l'invention comique des armes à feu de l'Arioste, fait tirer le canon dans le ciel par les diables? Ni moi ni personne en Italie n'a pu se plaire à toutes ces tristes extravagances. Le *Mariage du Péché et de la Mort* et les couleuvres dont le Péché accouche font vomir tout homme qui a le goût un peu délicat, et sa longue description d'un hôpital n'est bonne que pour un fossoyeur. Ce poème obscur, bizarre et dégoûtant fut méprisé à sa naissance; je le traite aujourd'hui comme il fut traité dans sa patrie par les contemporains. Au reste, je dis ce que je pense, et je me soucie fort peu que les autres pensent comme moi. »

Candide était affligé de ces discours ; il respec-
tait Homère, il aimait un peu Milton. « Hélas !
dit-il tout bas à Martin, j'ai bien peur que cet
homme-ci n'ait un souverain mépris pour nos
poètes allemands. — Il n'y aurait pas grand mal
à cela, dit Martin. — Oh ! quel homme supé-
rieur ! disait encore Candide entre ses dents,
quel grand génie que ce Pococurante ! rien ne
peut lui plaire. »

Après avoir fait ainsi la revue de tous les livres,
ils descendirent dans le jardin. Candide en loua
toutes les beautés. « Je ne sais rien de si mauvais
goût, dit le maître ; nous n'avons ici que des coli-
fichets : mais je vais dès demain en faire planter
un d'un dessin plus noble. »

Quand les deux curieux eurent pris congé de
Son Excellence : « Or çà, dit Candide à Martin,
vous conviendrez que voilà le plus heureux de tous
les hommes, car il est au-dessus de tout ce qu'il
possède. — Ne voyez-vous pas, dit Martin, qu'il
est dégoûté de tout ce qu'il possède ? Platon a dit,
il y a longtemps, que les meilleurs estomacs ne
sont pas ceux qui rebutent tous les aliments.
— Mais, dit Candide, n'y a-t-il pas du plaisir à
tout critiquer, à sentir des défauts où les autres
hommes croient voir des beautés ? — C'est-à-
dire, reprit Martin, qu'il y a du plaisir à n'avoir
pas de plaisir ? — Oh bien ! dit Candide, il
n'y a donc d'heureux que moi, quand je reverrai
M^{lle} Cunégonde. — C'est toujours bien d'espérer »,
dit Martin.

Cependant les jours, les semaines, s'écoulaient; Cacambo ne revenait point, et Candide était si abîmé dans sa douleur qu'il ne fit pas même réflexion que Paquette et frère Giroflée n'étaient pas venus seulement le remercier.

CHAPITRE XXVI

UN soir que Candide, suivi de Martin, allait
se mettre à table avec les étrangers qui
logeaient dans la même hôtellerie, un homme à
visage couleur de suie l'aborda par derrière, et, le
prenant par le bras, lui dit : « Soyez prêt à partir
avec nous, n'y manquez pas. » Il se retourne et
voit Cacambo. Il n'y avait que la vue de Cuné-
gonde qui pût l'étonner et lui plaire davantage.
Il fut sur le point de devenir fou de joie. Il embrasse
son cher ami. « Cunégonde est ici, sans doute ? Où
est-elle ? Mène-moi vers elle, que je meure de joie
avec elle. — Cunégonde n'est point ici, dit
Cacambo, elle est à Constantinople. — Ah Ciel !
à Constantinople ! mais, fût-elle à la Chine, j'y
vole, partons. — Nous partirons après souper,
reprit Cacambo ; je ne peux vous en dire davan-
tage ; je suis esclave, mon maître m'attend ; il faut
que j'aille le servir à table : ne dites mot ; soupez,
et tenez-vous prêt. »

Candide, partagé entre la joie et la douleur,
charmé d'avoir revu son agent fidèle, étonné de le
voir esclave, plein de l'idée de retrouver sa maî-
tresse, le cœur agité, l'esprit bouleversé, se mit à
table avec Martin, qui voyait de sang-froid toutes

ces aventures, et avec six étrangers qui étaient venus passer le carnaval à Venise.

Cacambo, qui versait à boire à l'un de ces étrangers, s'approcha de l'oreille de son maître, sur la fin du repas, et lui dit : « Sire, Votre Majesté partira quand elle voudra, le vaisseau est prêt. » Ayant dit ces mots, il sortit. Les convives, étonnés, se regardaient sans proférer une seule parole, lorsqu'un autre domestique, s'approchant de son maître, lui dit : « Sire, la chaise de Votre Majesté est à Padoue, et la barque est prête. » Le maître fit un signe, et le domestique partit. Tous les convives se regardèrent encore, et la surprise commune redoubla. Un troisième valet, s'approchant aussi d'un troisième étranger, lui dit : « Sire, croyez-moi, Votre Majesté ne doit pas rester ici plus longtemps : je vais tout préparer » ; et aussitôt il disparut.

Candide et Martin ne doutèrent pas alors que ce ne fût une mascarade du carnaval. Un quatrième domestique dit au quatrième maître : « Votre Majesté partira quand elle voudra », et sortit comme les autres. Le cinquième valet en dit autant au cinquième maître. Mais le sixième valet parla différemment au sixième étranger, qui était auprès de Candide ; il lui dit : « Ma foi, Sire, on ne veut plus faire crédit à Votre Majesté, ni à moi non plus, et nous pourrions bien être coffrés cette nuit, vous et moi ; je vais pourvoir à mes affaires : adieu. »

Tous les domestiques ayant disparu, les six

étrangers, Candide et Martin demeurèrent dans un profond silence. Enfin Candide le rompit. « Messieurs, dit-il, voilà une singulière plaisanterie. Pourquoi êtes-vous tous rois ? Pour moi, je vous avoue que ni moi ni Martin nous ne le sommes. »

Le maître de Cacambo prit alors gravement la parole, et dit en italien : « Je ne suis point plaisant, je m'appelle Achmet III. J'ai été grand sultan plusieurs années ; je détrônai mon frère ; mon neveu m'a détrôné ; on a coupé le cou à mes vizirs ; j'achève ma vie dans le vieux sérail ; mon neveu le grand sultan Mahmoud me permet de voyager quelquefois pour ma santé, et je suis venu passer le carnaval à Venise. »

Un jeune homme qui était auprès d'Achmet parla après lui, et dit : « Je m'appelle Ivan ; j'ai été empereur de toutes les Russies ; j'ai été détrôné au berceau ; mon père et ma mère ont été enfermés ; on m'a élevé en prison ; j'ai quelquefois la permission de voyager, accompagné de ceux qui me gardent, et je suis venu passer le carnaval à Venise. »

Le troisième dit : « Je suis Charles-Édouard, roi d'Angleterre ; mon père m'a cédé ses droits au royaume ; j'ai combattu pour les soutenir ; on a arraché le cœur à huit cents de mes partisans, et on leur en a battu les joues. J'ai été mis en prison ; je vais à Rome faire une visite au roi mon père, détrôné ainsi que moi et mon grand-père, et je suis venu passer le carnaval à Venise. »

Le quatrième prit alors la parole et dit : « Je

suis roi des Polaques; le sort de la guerre m'a
privé de mes États héréditaires; mon père a éprouvé
les mêmes revers; je me résigne à la Providence
comme le sultan Achmet, l'empereur Ivan et le
roi Charles-Édouard, à qui Dieu donne une longue
vie; et je suis venu passer le carnaval à Venise. »

Le cinquième dit: « Je suis aussi roi des Pola-
ques; j'ai perdu mon royaume deux fois; mais la
Providence m'a donné un autre État, dans lequel
j'ai fait plus de bien que tous les rois des Sarmates
ensemble n'en ont jamais pu faire sur les bords de
la Vistule; je me résigne aussi à la Providence, et
je suis venu passer le carnaval à Venise. »

Il restait au sixième monarque à parler. « Mes-
sieurs, dit-il, je ne suis pas si grand seigneur que
vous; mais enfin j'ai été roi tout comme un autre.
Je suis Théodore; on m'a élu roi en Corse; on
m'a appelé *Votre Majesté*, et à présent à peine
m'appelle-t-on *Monsieur*. J'ai fait frapper de la
monnaie, et je ne possède pas un denier; j'ai eu
deux secrétaires d'État, et j'ai à peine un valet;
je me suis vu sur un trône, et j'ai longtemps été à
Londres en prison sur la paille. J'ai bien peur
d'être traité de même ici, quoique je sois venu,
comme Vos Majestés, passer le carnaval à Venise. »

Les cinq autres rois écoutèrent ce discours avec
une noble compassion. Chacun d'eux donna vingt
sequins au roi Théodore pour avoir des habits et
des chemises; Candide lui fit présent d'un diamant
de deux mille sequins. « Quel est donc, disaient
les cinq rois, ce simple particulier qui est en état

de donner cent fois autant que chacun de nous, et qui le donne ? »

Dans l'instant qu'on sortait de table, il arriva dans la même hôtellerie quatre Altesses sérénissimes qui avaient aussi perdu leurs États par le sort de la guerre, et qui venaient passer le reste du carnaval à Venise ; mais Candide ne prit pas seulement garde à ces nouveaux venus. Il n'était occupé que d'aller trouver sa chère Cunégonde à Constantinople.

CHAPITRE XXVII

LE fidèle Cacambo avait déjà obtenu du patron turc qui allait reconduire le sultan Achmet à Constantinople qu'il recevrait Candide et Martin sur son bord. L'un et l'autre s'y rendirent après s'être prosternés devant Sa misérable Hautesse. Candide, chemin faisant, disait à Martin : « Voilà pourtant six rois détrônés, avec qui nous avons soupé ! et encore dans ces six rois il y en a un à qui j'ai fait l'aumône. Peut-être y a-t-il beaucoup d'autres princes plus infortunés. Pour moi, je n'ai perdu que cent moutons, et je vole dans les bras de Cunégonde. Mon cher Martin, encore une fois, Pangloss avait raison, tout est bien. — Je le souhaite, dit Martin. — Mais, dit Candide, voilà une aventure bien peu vraisemblable que nous avons eue à Venise. On n'avait jamais vu ni ouï conter que six rois détrônés soupassent ensemble au cabaret. — Cela n'est pas plus extraordinaire, dit Martin, que la plupart des choses qui nous sont arrivées. Il est très commun que des rois soient détrônés ; et à l'égard de l'honneur que nous avons eu de souper avec eux, c'est une bagatelle qui ne mérite pas notre attention. »

A peine Candide fut-il dans le vaisseau qu'il sauta au cou de son ancien valet, de son ami Cacambo. « Eh bien ! lui dit-il, que fait Cunégonde ?

Est-elle toujours un prodige de beauté? M'aime-
t-elle toujours? Comment se porte-t-elle? Tu lui as
sans doute acheté un palais à Constantinople?
— Mon cher maître, répondit Cacambo, Cunégonde
lave les écuelles sur le bord de la Propontide, chez
un prince qui a très peu d'écuelles; elle est esclave
dans la maison d'un ancien souverain, nommé
Ragotski, à qui le Grand Turc donne trois écus
par jour dans son asile; mais ce qui est bien plus
triste, c'est qu'elle a perdu sa beauté et qu'elle est
devenue horriblement laide. — Ah! belle ou laide,
dit Candide, je suis honnête homme, et mon devoir
est de l'aimer toujours. Mais comment peut-elle
être réduite à un état si abject avec les cinq ou
six millions que tu avais apportés? — Bon, dit
Cacambo, ne m'en a-t-il pas fallu donner deux
millions au señor don Fernando d'Ibaraa, y
Figueora, y Mascarenès, y Lampourdos, y Souza,
gouverneur de Buenos-Ayres, pour avoir la per-
mission de reprendre M^{lle} Cunégonde? Et un pirate
ne nous a-t-il pas bravement dépouillés de tout le
reste? Ce pirate ne nous a-t-il pas menés au cap
de Matapan, à Milo, à Nicarie, à Samos, à Petra,
aux Dardanelles, à Marmora, à Scutari? Cuné-
gonde et la vieille servent chez ce prince dont je
vous ai parlé, et moi, je suis esclave du sultan
détrôné. — Que d'épouvantables calamités enchaî-
nées les unes aux autres! dit Candide. Mais, après
tout, j'ai encore quelques diamants; je délivrerai
aisément Cunégonde. C'est bien dommage qu'elle
soit devenue si laide. »

Ensuite, se tournant vers Martin : « Que pensez-vous, dit-il, qui soit le plus à plaindre, de l'empereur Achmet, de l'empereur Ivan, du roi Charles-Édouard, ou de moi ? — Je n'en sais rien, dit Martin ; il faudrait que je fusse dans vos cœurs pour le savoir. — Ah ! dit Candide, si Pangloss était ici, il le saurait et nous l'apprendrait. — Je ne sais, dit Martin, avec quelles balances votre Pangloss aurait pu peser les infortunes des hommes et apprécier leurs douleurs. Tout ce que je présume, c'est qu'il y a des millions d'hommes sur la terre cent fois plus à plaindre que le roi Charles-Édouard, l'empereur Ivan et le sultan Achmet. — Cela pourrait bien être », dit Candide.

On arriva en peu de jours sur le canal de la mer Noire. Candide commença par racheter Cacambo fort cher, et, sans perdre de temps, il se jeta dans une galère, avec ses compagnons, pour aller sur le rivage de la Propontide chercher Cunégonde, quelque laide qu'elle pût être.

Il y avait dans la chiourme deux forçats qui ramaient fort mal, et à qui le levanti patron appliquait de temps en temps quelques coups de nerf de bœuf sur leurs épaules nues ; Candide, par un mouvement naturel, les regarda plus attentivement que les autres galériens et s'approcha d'eux avec pitié. Quelques traits de leurs visages défigurés lui parurent avoir un peu de ressemblance avec Pangloss et avec ce malheureux jésuite, ce baron, ce frère de M^{lle} Cunégonde. Cette idée l'émut et l'attrista. Il les considéra encore plus attentivement.

« En vérité, dit-il à Cacambo, si je n'avais pas vu pendre maître Pangloss, et si je n'avais pas eu le malheur de tuer le baron, je croirais que ce sont eux qui rament dans cette galère. »

Au nom du baron et de Pangloss les deux forçats poussèrent un grand cri, s'arrêtèrent sur leur banc et laissèrent tomber leurs rames. Le levanti patron accourait sur eux, et les coups de nerf de bœuf redoublaient. « Arrêtez! arrêtez! Seigneur, s'écria Candide, je vous donnerai tant d'argent que vous voudrez. — Quoi! c'est Candide! disait l'un des forçats. — Quoi! c'est Candide! disait l'autre. — Est-ce un songe? dit Candide; veillé-je? suis-je dans cette galère? Est-ce là monsieur le baron que j'ai tué? Est-ce là maître Pangloss que j'ai vu pendre? — C'est nous-mêmes, c'est nous-mêmes, répondaient-ils. — Quoi! c'est là ce grand philosophe? disait Martin. — Eh! Monsieur le levanti patron, dit Candide, combien voulez-vous d'argent pour la rançon de M. de Thunder-ten-tronckh, un des premiers barons de l'Empire, et de M. Pangloss, le plus profond métaphysicien d'Allemagne? — Chien de chrétien, répondit le levanti patron, puisque ces deux chiens de forçats chrétiens sont des barons et des métaphysiciens, ce qui est sans doute une grande dignité dans leur pays, tu m'en donneras cinquante mille sequins. — Vous les aurez, Monsieur; remenez-moi comme un éclair à Constantinople, et vous serez payé sur-le-champ. Mais non, menez-moi chez M^{lle} Cunégonde. » Le levanti patron, sur la première offre

de Candide, avait déjà tourné la proue vers la ville, et il faisait ramer plus vite qu'un oiseau ne fend les airs.

Candide embrassa cent fois le baron et Pangloss. « Et comment ne vous ai-je pas tué, mon cher baron ? et, mon cher Pangloss, comment êtes-vous en vie après avoir été pendu ? et pourquoi êtes-vous tous deux aux galères en Turquie ? — Est-il bien vrai que ma chère sœur soit dans ce pays ? disait le baron. — Oui, répondait Cacambo. — Je revois donc mon cher Candide », s'écriait Pangloss. Candide leur présentait Martin et Cacambo. Ils s'embrassaient tous, ils parlaient tous à la fois. La galère volait, ils étaient déjà dans le port. On fit venir un juif, à qui Candide vendit pour cinquante mille sequins un diamant de la valeur de cent mille, et qui lui jura par Abraham qu'il n'en pouvait donner davantage. Il paya incontinent la rançon du baron et de Pangloss. Celui-ci se jeta aux pieds de son libérateur et les baigna de larmes ; l'autre le remercia par un signe de tête et lui promit de lui rendre cet argent à la première occasion. « Mais est-il bien possible que ma sœur soit en Turquie ? disait-il. — Rien n'est si possible, reprit Cacambo, puisqu'elle écure la vaisselle chez un prince de Transylvanie. » On fit aussitôt venir deux juifs ; Candide vendit encore des diamants ; et ils repartirent tous dans une autre galère pour aller délivrer Cunégonde.

CHAPITRE XXVIII

CE QUI ARRIVA A CANDIDE,
A CUNÉGONDE, A PANGLOSS, A MARTIN, ETC.

Pardon, encore une fois, dit Candide au baron ; pardon, mon révérend père, de vous avoir donné un grand coup d'épée au travers du corps. — N'en parlons plus, dit le baron ; je fus un peu trop vif, je l'avoue ; mais, puisque vous voulez savoir par quel hasard vous m'avez vu aux galères, je vous dirai qu'après avoir été guéri de ma blessure par le frère apothicaire du collège, je fus attaqué et enlevé par un parti espagnol ; on me mit en prison à Buenos-Ayres dans le temps que ma sœur venait d'en partir. Je demandai à retourner à Rome auprès du père général. Je fus nommé pour aller servir d'aumônier à Constantinople auprès de M. l'ambassadeur de France. Il n'y avait pas huit jours que j'étais entré en fonction, quand je trouvai sur le soir un jeune icoglan très bien fait. Il faisait fort chaud : le jeune homme voulut se baigner ; je pris cette occasion de me baigner aussi. Je ne savais pas que ce fût un crime capital pour un chrétien d'être trouvé tout nu avec un jeune musulman. Un cadi me fit donner cent coups de bâton sous la plante des pieds et me condamna aux galères. Je ne crois pas qu'on ait fait une plus horrible injustice. Mais je voudrais bien

savoir pourquoi ma sœur est dans la cuisine d'un
souverain de Transylvanie réfugié chez les Turcs.
— Mais vous, mon cher Pangloss, dit Candide,
comment se peut-il que je vous revoie? — Il est
vrai, dit Pangloss, que vous m'avez vu pendre ; je
devais naturellement être brûlé ; mais vous vous
souvenez qu'il plut à verse lorsqu'on allait me
cuire : l'orage fut si violent qu'on désespéra d'al-
lumer le feu ; je fus pendu, parce qu'on ne put
mieux faire : un chirurgien acheta mon corps,
m'emporta chez lui et me disséqua. Il me fit
d'abord une incision cruciale depuis le nombril
jusqu'à la clavicule. On ne pouvait pas avoir été
plus mal pendu que je l'avais été. L'exécuteur des
hautes œuvres de la sainte Inquisition, lequel était
sous-diacre, brûlait à la vérité les gens à mer-
veille, mais il n'était pas accoutumé à pendre : la
corde était mouillée et glissa mal, elle fut mal
nouée ; enfin je respirais encore : l'incision cruciale
me fit jeter un si grand cri que mon chirurgien
tomba à la renverse, et, croyant qu'il disséquait
le diable, il s'enfuit en mourant de peur, et tomba
encore sur l'escalier en fuyant. Sa femme accou-
rut, au bruit, d'un cabinet voisin ; elle me vit sur
la table étendu avec mon incision cruciale : elle
eut encore plus de peur que son mari, s'enfuit, et
tomba sur lui. Quand ils furent un peu revenus à
eux, j'entendis la chirurgienne qui disait au chi-
rurgien : « Mon bon, de quoi vous avisez-vous
aussi de disséquer un hérétique ? Ne savez-vous
pas que le diable est toujours dans le corps de ces

gens-là? Je vais vite chercher un prêtre pour l'exorciser. » Je frémis à ce propos, et je ramassai le peu de forces qui me restaient pour crier: « Ayez pitié de moi! » Enfin le barbier portugais s'enhardit; il recousit ma peau; sa femme même eut soin de moi; je fus sur pied au bout de quinze jours. Le barbier me trouva une condition, et me fit laquais d'un chevalier de Malte qui allait à Venise; mais mon maître n'ayant pas de quoi me payer, je me mis au service d'un marchand vénitien, et je le suivis à Constantinople.

« Un jour il me prit fantaisie d'aller dans une mosquée; il n'y avait qu'un vieux iman et une jeune dévote très jolie qui disait ses patenôtres; sa gorge était toute découverte; elle avait entre ses deux tétons un beau bouquet de tulipes, de roses, d'anémones, de renoncules, d'hyacinthes et d'oreilles-d'ours; elle laissa tomber son bouquet; je le ramassai, et je le lui remis avec un empressement très respectueux. Je fus si longtemps à le lui remettre que l'iman se mit en colère, et, voyant que j'étais chrétien, il cria à l'aide. On me mena chez le cadi, qui me fit donner cent coups de latte sur la plante des pieds et m'envoya aux galères. Je fus enchaîné précisément dans la même galère et au même banc que monsieur le baron. Il y avait dans cette galère quatre jeunes gens de Marseille, cinq prêtres napolitains, et deux moines de Corfou, qui nous dirent que pareilles aventures arrivaient tous les jours. Monsieur le baron prétendait qu'il avait essuyé une plus grande injustice que

moi ; je prétendais, moi, qu'il était beaucoup plus permis de remettre un bouquet sur la gorge d'une femme que d'être tout nu avec un icoglan. Nous disputions sans cesse, et nous recevions vingt coups de nerf de bœuf par jour, lorsque l'enchaînement des événements de cet univers vous a conduit dans notre galère, et que vous nous avez rachetés. — Eh bien ! mon cher Pangloss, lui dit Candide, quand vous avez été pendu, disséqué, roué de coups, et que vous avez ramé aux galères, avez-vous toujours pensé que tout allait le mieux du monde ? — Je suis toujours de mon premier sentiment, répondit Pangloss, car enfin je suis philosophe : il ne me convient pas de me dédire, Leibnitz ne pouvant pas avoir tort, et l'harmonie préétablie étant d'ailleurs la plus belle chose du monde, aussi bien que le plein et la matière subtile. »

CHAPITRE XXIX

COMMENT CANDIDE RETROUVA CUNÉGONDE ET LA VIEILLE

PENDANT que Candide, le baron, Pangloss, Martin et Cacambo contaient leurs aventures, qu'ils raisonnaient sur les événements contingents ou non contingents de cet univers, qu'ils disputaient sur les effets et les causes, sur le mal moral et sur le mal physique, sur la liberté et la nécessité, sur les consolations que l'on peut éprouver lorsqu'on est aux galères en Turquie, ils abordèrent sur le rivage de la Propontide à la maison du prince de Transylvanie. Les premiers objets qui se présentèrent furent Cunégonde et la vieille, qui étendaient des serviettes sur des ficelles pour les faire sécher.

Le baron pâlit à cette vue. Le tendre amant Candide, en voyant sa belle Cunégonde rembrunie, les yeux éraillés, la gorge sèche, les joues ridées, les bras rouges et écaillés, recula trois pas, saisi d'horreur, et avança ensuite par bon procédé. Elle embrassa Candide et son frère ; on embrassa la vieille ; Candide les racheta toutes deux.

Il y avait une petite métairie dans le voisinage ; la vieille proposa à Candide de s'en accommoder, en attendant que toute la troupe eût une meilleure destinée. Cunégonde ne savait pas qu'elle était enlaidie, personne ne l'en avait avertie : elle fit

souvenir Candide de ses promesses avec un ton si absolu que le bon Candide n'osa pas la refuser. Il signifia donc au baron qu'il allait se marier avec sa sœur. « Je ne souffrirai jamais, dit le baron, une telle bassesse de sa part et une telle insolence de la vôtre ; cette infamie ne me sera jamais reprochée : les enfants de ma sœur ne pourraient entrer dans les chapitres d'Allemagne. Non, jamais ma sœur n'épousera qu'un baron de l'Empire. » Cunégonde se jeta à ses pieds et les baigna de larmes ; il fut inflexible. « Maître fou, lui dit Candide, je t'ai réchappé des galères, j'ai payé ta rançon, j'ai payé celle de ta sœur ; elle lavait ici des écuelles, elle est laide, j'ai la bonté d'en faire ma femme, et tu prétends encore t'y opposer ! Je te retuerais si j'en croyais ma colère. — Tu peux me tuer encore, dit le baron, mais tu n'épouseras pas ma sœur de mon vivant. »

CHAPITRE XXX

CANDIDE, dans le fond de son cœur, n'avait aucune envie d'épouser Cunégonde. Mais l'impertinence extrême du baron le déterminait à conclure le mariage, et Cunégonde le pressait si vivement qu'il ne pouvait s'en dédire. Il consulta Pangloss, Martin et le fidèle Cacambo. Pangloss fit un beau mémoire par lequel il prouvait que le baron n'avait nul droit sur sa sœur, et qu'elle pouvait, selon toutes les lois de l'Empire, épouser Candide de la main gauche. Martin conclut à jeter le baron dans la mer ; Cacambo décida qu'il fallait le rendre au levanti patron et le remettre aux galères ; après quoi on l'enverrait à Rome au père général par le premier vaisseau. L'avis fut trouvé fort bon ; la vieille l'approuva ; on n'en dit rien à sa sœur ; la chose fut exécutée pour quelque argent, et on eut le plaisir d'attraper un jésuite et de punir l'orgueil d'un baron allemand.

Il était tout naturel d'imaginer qu'après tant de désastres Candide, marié avec sa maîtresse et vivant avec le philosophe Pangloss, le philosophe Martin, le prudent Cacambo et la vieille, ayant d'ailleurs rapporté tant de diamants de la patrie des anciens Incas, mènerait la vie du monde la plus agréable ; mais il fut tant friponné par les juifs qu'il ne lui resta plus rien que sa petite

métairie; sa femme, devenant tous les jours plus laide, devint acariâtre et insupportable; la vieille était infirme et fut encore de plus mauvaise humeur que Cunégonde. Cacambo, qui travaillait au jardin et qui allait vendre des légumes à Constantinople, était excédé de travail et maudissait sa destinée. Pangloss était au désespoir de ne pas briller dans quelque université d'Allemagne. Pour Martin, il était fermement persuadé qu'on est également mal partout; il prenait les choses en patience. Candide, Martin et Pangloss disputaient quelquefois de métaphysique et de morale. On voyait souvent passer sous les fenêtres de la métairie des bateaux chargés d'effendis, de bachas, de cadis, qu'on envoyait en exil à Lemnos, à Mitylène, à Erzeroum. On voyait venir d'autres cadis, d'autres bachas, d'autres effendis, qui prenaient la place des expulsés et qui étaient expulsés à leur tour. On voyait des têtes proprement empaillées qu'on allait présenter à la Sublime Porte. Ces spectacles faisaient redoubler les dissertations; et quand on ne disputait pas, l'ennui était si excessif que la vieille osa un jour leur dire: « Je voudrais savoir lequel est le pire, ou d'être violée cent fois par des pirates nègres, d'avoir une fesse coupée, de passer par les baguettes chez les Bulgares, d'être fouetté et pendu dans un auto-da-fé, d'être disséqué, de ramer en galère, d'éprouver enfin toutes les misères par lesquelles nous avons tous passé, ou bien de rester ici à ne rien faire ? — C'est une grande question », dit Candide.

Ce discours fit naître de nouvelles réflexions, et Martin surtout conclut que l'homme était né pour vivre dans les convulsions de l'inquiétude, ou dans la léthargie de l'ennui. Candide n'en convenait pas, mais il n'assurait rien. Pangloss avouait qu'il avait toujours horriblement souffert ; mais, ayant soutenu une fois que tout allait à merveille, il le soutenait toujours, et n'en croyait rien.

Une chose acheva de confirmer Martin dans ses détestables principes, de faire hésiter plus que jamais Candide et d'embarrasser Pangloss. C'est qu'ils virent un jour aborder dans leur métairie Paquette et le frère Giroflée, qui étaient dans la plus extrême misère ; ils avaient bien vite mangé leurs trois mille piastres, s'étaient quittés, s'étaient raccommodés, s'étaient brouillés, avaient été mis en prison, s'étaient enfuis, et enfin frère Giroflée s'était fait Turc. Paquette continuait son métier partout et n'y gagnait plus rien. « Je l'avais bien prévu, dit Martin à Candide, que vos présents seraient bientôt dissipés et ne les rendraient que plus misérables. Vous avez regorgé de millions de piastres, vous et Cacambo, et vous n'êtes pas plus heureux que frère Giroflée et Paquette. — Ah ! ah ! dit Pangloss à Paquerette, le Ciel vous ramène donc ici parmi nous, ma pauvre enfant ? Savez-vous bien que vous m'avez coûté le bout du nez, un œil et une oreille ? Comme vous voilà faite ! eh ! qu'est-ce que ce monde ! » Cette nouvelle aventure les engagea à philosopher plus que jamais.

Il y avait dans le voisinage un derviche très

fameux, qui passait pour le meilleur philosophe de la Turquie ; ils allèrent le consulter ; Pangloss porta la parole, et lui dit : « Maître, nous venons vous prier de nous dire pourquoi un aussi étrange animal que l'homme a été formé. — De quoi te mêles-tu? dit le derviche, est-ce là ton affaire? — Mais, mon révérend père, dit Candide, il y a horriblement de mal sur la terre. — Qu'importe, dit le derviche, qu'il y ait du mal ou du bien? Quand Sa Hautesse envoie un vaisseau en Égypte, s'embarrasse-t-elle si les souris qui sont dans le vaisseau sont à leur aise ou non? — Que faut-il donc faire? dit Pangloss — Te taire, dit le derviche. — Je me flattais, dit Pangloss, de raisonner un peu avec vous des effets et des causes, du meilleur des mondes possibles, de l'origine du mal, de la nature de l'âme et de l'harmonie préétablie. » Le derviche, à ces mots, leur ferma la porte au nez.

Pendant cette conversation, la nouvelle s'était répandue qu'on venait d'étrangler à Constantinople deux vizirs du banc et le muphti, et qu'on avait empalé plusieurs de leurs amis. Cette catastrophe faisait partout un grand bruit pendant quelques heures. Pangloss, Candide et Martin, en retournant à la petite métairie, rencontrèrent un bon vieillard qui prenait le frais à sa porte sous un berceau d'orangers. Pangloss, qui était aussi curieux que raisonneur, lui demanda comment se nommait le muphti qu'on venait d'étrangler. « Je n'en sais rien, répondit le bonhomme, et je n'ai jamais su le nom d'aucun muphti ni d'aucun vizir.

J'ignore absolument l'aventure dont vous me parlez ; je présume qu'en général ceux qui se mêlent des affaires publiques périssent quelquefois misérablement et qu'ils le méritent ; mais je ne m'informe jamais de ce qu'on fait à Constantinople ; je me contente d'y envoyer vendre les fruits du jardin que je cultive. » Ayant dit ces mots, il fit entrer les étrangers dans sa maison : ses deux filles et ses deux fils leur présentèrent plusieurs sortes de sorbets qu'ils faisaient eux-mêmes, du kaïmac piqué d'écorces de cédrat confit, des oranges, des citrons, des limons, des ananas, des pistaches, du café de Moka qui n'était point mêlé avec le mauvais café de Batavia et des îles. Après quoi les deux filles de ce bon musulman parfumèrent les barbes de Candide, de Pangloss et de Martin.

« Vous devez avoir, dit Candide au Turc, une vaste et magnifique terre ? — Je n'ai que vingt arpents, répondit le Turc ; je les cultive avec mes enfants ; le travail éloigne de nous trois grands maux : l'ennui, le vice et le besoin. »

Candide, en retournant dans sa métairie, fit de profondes réflexions sur le discours du Turc. Il dit à Pangloss et à Martin : « Ce bon vieillard me paraît s'être fait un sort bien préférable à celui des six rois avec qui nous avons eu l'honneur de souper. — Les grandeurs, dit Pangloss, sont fort dangereuses, selon le rapport de tous les philosophes : car enfin Églon, roi des Moabites, fut assassiné par Aod ; Absalon fut pendu par les cheveux et percé de trois dards ; le roi Nadab, fils

de Jéroboam, fut tué par Baasa ; le roi Éla, par Zambri ; Ochosias, par Jéhu ; Athalia, par Joïada ; les rois Joachim, Jéchonias, Sédécias, furent esclaves. Vous savez comment périrent Crésus, Astyage, Darius, Denys de Syracuse, Pyrrhus, Persée, Annibal, Jugurtha, Arioviste, César, Pompée, Néron, Othon, Vitellius, Domitien, Richard II d'Angleterre, Édouard II, Henri VI, Richard III, Marie Stuart, Charles I⁰ᵉʳ, les trois Henri de France, l'empereur Henri IV ? Vous savez... — Je sais aussi, dit Candide, qu'il faut cultiver notre jardin. — Vous avez raison, dit Pangloss : car, quand l'homme fut mis dans le jardin d'Éden, il y fut mis *ut operaretur eum,* pour qu'il travaillât ; ce qui prouve que l'homme n'est pas né pour le repos. — Travaillons sans raisonner, dit Martin ; c'est le seul moyen de rendre la vie supportable. »

Toute la petite société entra dans ce louable dessein ; chacun se mit à exercer ses talents. La petite terre rapporta beaucoup. Cunégonde était à la vérité bien laide, mais elle devint une excellente pâtissière ; Paquette broda ; la vieille eut soin du linge. Il n'y eut pas jusqu'à frère Giroflée qui ne rendît service ; il fut un très bon menuisier, et même devint honnête homme ; et Pangloss disait quelquefois à Candide : « Tous les événements sont enchaînés dans le meilleur des mondes possibles : car enfin, si vous n'aviez pas été chassé d'un beau château à grands coups de pied dans le derrière pour l'amour de M⁰ˡˡᵉ Cunégonde, si vous

n'aviez pas été mis à l'Inquisition, si vous n'aviez pas couru l'Amérique à pied, si vous n'aviez pas donné un bon coup d'épée au baron, si vous n'aviez pas perdu tous vos moutons du bon pays d'Eldorado, vous ne mangeriez pas ici des cédrats confits et des pistaches. — Cela est bien dit, répondit Candide, mais il faut cultiver notre jardin. »

HISTOIRE

D'UN

BON BRAMIN

HISTOIRE

D'UN

BON BRAMIN

JE rencontrai dans mes voyages un vieux bramin, homme fort sage, plein d'esprit et très savant; de plus il était riche, et partant il en était plus sage encore : car, ne manquant de rien, il n'avait besoin de tromper personne. Sa famille était très bien gouvernée par trois belles femmes qui s'étudiaient à lui plaire ; et, quand il ne s'amusait pas avec ses femmes, il s'occupait à philosopher.

Près de sa maison, qui était belle, ornée et accompagnée de jardins charmants, demeurait une vieille Indienne bigote, imbécile et assez pauvre.

Le bramin me dit un jour : « Je voudrais n'être jamais né. » Je lui demandai pourquoi. Il me répondit : « J'étudie depuis quarante ans, ce sont quarante années de perdues : j'enseigne les autres, et j'ignore tout ; cet état porte dans mon âme tant d'humiliation et de dégoût que la vie m'est insupportable. Je suis né, je vis dans le temps, et je ne sais pas ce que c'est que le temps ; je me trouve dans un point entre deux éternités, comme disent nos sages, et je n'ai nulle idée de l'éternité ; je suis composé de matière ; je pense, je n'ai jamais

pu m'instruire de ce qui produit la pensée ; j'ignore si mon entendement est en moi une simple faculté, comme celle de marcher, de digérer, et si je pense avec ma tête comme je prends avec mes mains. Non seulement le principe de ma pensée m'est inconnu, mais le principe de mes mouvements m'est également caché : je ne sais pourquoi j'existe ; cependant on me fait chaque jour des questions sur tous ces points ; il faut répondre ; je n'ai rien de bon à dire ; je parle beaucoup, et je demeure confus et honteux de moi-même après avoir parlé.

« C'est bien pis quand on me demande si Brahma a été produit par Vichnou, ou s'ils sont tous deux éternels. Dieu m'est témoin que je n'en sais pas un mot, et il y paraît bien à mes réponses. « Ah ! « mon révérend père, me dit-on, apprenez-nous « comment le mal inonde toute la terre. » Je suis aussi en peine que ceux qui me font cette question : je leur dis quelquefois que tout est le mieux du monde ; mais ceux qui ont été ruinés et mutilés à la guerre n'en croient rien, ni moi non plus : je me retire chez moi accablé de ma curiosité et de mon ignorance. Je lis nos anciens livres, et ils redoublent mes ténèbres. Je parle à mes compagnons : les uns me répondent qu'il faut jouir de la vie et se moquer des hommes ; les autres croient savoir quelque chose, et se perdent dans des idées extravagantes ; tout augmente le sentiment douloureux que j'éprouve. Je suis prêt quelquefois de tomber dans le désespoir, quand je songe qu'après toutes mes recherches je ne sais ni d'où je viens,

ni ce que je suis, ni où j'irai, ni ce que je deviendrai. »

L'état de ce bonhomme me fit une vraie peine : personne n'était ni plus raisonnable ni de meilleure foi que lui. Je conçus que plus il avait de lumières dans son entendement et de sensibilité dans son cœur, plus il était malheureux.

Je vis le même jour la vieille femme qui demeurait dans son voisinage : je lui demandai si elle avait jamais été affligée de ne savoir pas comment son âme était faite. Elle ne comprit seulement pas ma question : elle n'avait jamais réfléchi un seul moment de sa vie sur un seul des points qui tourmentaient le bramin ; elle croyait aux métamorphoses de Vichnou de tout son cœur, et, pourvu qu'elle pût avoir quelquefois de l'eau du Gange pour se laver, elle se croyait la plus heureuse des femmes.

Frappé du bonheur de cette pauvre créature, je revins à mon philosophe, et je lui dis : « N'êtes-vous pas honteux d'être malheureux dans le temps qu'à votre porte il y a un vieil automate qui ne pense à rien, et qui vit content ? — Vous avez raison, me répondit-il ; je me suis dit cent fois que je serais heureux si j'étais aussi sot que ma voisine, et cependant je ne voudrais pas d'un tel bonheur. »

Cette réponse de mon bramin me fit une plus grande impression que tout le reste ; je m'examinai moi-même, et je vis qu'en effet je n'aurais pas voulu être heureux à condition d'être imbécile.

Je proposai la chose à des philosophes, et ils furent de mon avis. « Il y a pourtant, disais-je, une furieuse contradiction dans cette façon de penser : car enfin de quoi s'agit-il ? d'être heureux. Qu'importe d'avoir de l'esprit ou d'être sot ? Il y a bien plus : ceux qui sont contents de leur être sont bien sûrs d'être contents ; ceux qui raisonnent ne sont pas si sûrs de bien raisonner. Il est donc clair, disais-je, qu'il faudrait choisir de n'avoir pas le sens commun, pour peu que ce sens commun contribue à notre mal-être. » Tout le monde fut de mon avis ; et cependant je ne trouvai personne qui voulût accepter le marché de devenir imbécile pour devenir content. De là je conclus que, si nous faisons cas du bonheur, nous faisons encore plus de cas de la raison.

Mais, après y avoir réfléchi, il paraît que de préférer la raison à la félicité, c'est être très insensé. Comment donc cette contradiction peut-elle s'expliquer ? comme toutes les autres. Il y a là de quoi parler beaucoup.

LE BLANC ET LE NOIR

LE
BLANC ET LE NOIR

Tout le monde dans la province de Candahar connaît l'aventure du jeune Rustan. Il était fils unique d'un mirza du pays : c'est comme qui dirait marquis parmi nous, ou baron chez les Allemands. Le mirza son père avait un bien honnête. On devait marier le jeune Rustan à une demoiselle, ou mirzasse de sa sorte. Les deux familles le désiraient passionnément. Il devait faire la consolation de ses parents, rendre sa femme heureuse et l'être avec elle.

Mais par malheur il avait vu la princesse de Cachemire à la foire de Kaboul, qui est la foire la plus considérable du monde, et incomparablement plus fréquentée que celles de Bassora et d'Astrakhan ; et voici pourquoi le vieux prince de Cachemire était venu à la foire avec sa fille.

Il avait perdu les deux plus rares pièces de son trésor : l'une était un diamant gros comme le pouce, sur lequel sa fille était gravée par un art que les Indiens possédaient alors, et qui s'est perdu depuis ; l'autre était un javelot qui allait de lui-même où l'on voulait ; ce qui n'est pas une chose bien extraordinaire parmi nous, mais qui l'était à Cachemire.

Un fakir de Son Altesse lui vola ces deux bijoux ; il les porta à la princesse. « Gardez soigneusement ces deux pièces, lui dit-il ; votre destinée en dépend. » Il partit alors, et on ne le revit plus. Le duc de Cachemire, au désespoir, résolut d'aller voir à la foire de Kaboul si de tous les marchands qui s'y rendent des quatre coins du monde il n'y en aurait pas un qui eût son diamant et son arme. Il menait sa fille avec lui dans tous ses voyages. Elle porta son diamant bien enfermé dans sa ceinture ; mais pour le javelot, qu'elle ne pouvait si bien cacher, elle l'avait enfermé soigneusement à Cachemire dans son grand coffre de la Chine.

Rustan et elle se virent à Kaboul ; ils s'aimèrent avec toute la bonne foi de leur âge et toute la tendresse de leur pays. La princesse pour gage de son amour lui donna son diamant, et Rustan lui promit à son départ de l'aller voir secrètement à Cachemire.

Le jeune mirza avait deux favoris qui lui servaient de secrétaires, d'écuyers, de maîtres d'hôtel et de valets de chambre. L'un s'appelait Topaze : il était beau, bien fait, blanc comme une Circassienne, doux et serviable comme un Arménien, sage comme un Guèbre. L'autre se nommait Ébène : c'était un nègre fort joli, plus empressé, plus industrieux que Topaze, et qui ne trouvait rien de difficile. Il leur communiqua le projet de son voyage. Topaze tâcha de l'en détourner avec le zèle circonspect d'un serviteur qui ne voulait

pas lui déplaire ; il lui représenta tout ce qu'il hasardait. Comment laisser deux familles au désespoir ? Comment mettre le couteau dans le cœur de ses parents ? Il ébranla Rustan ; mais Ébène le raffermit et leva tous ses scrupules.

Le jeune homme manquait d'argent pour un si long voyage. Le sage Topaze ne lui en aurait pas fait prêter ; Ébène y pourvut. Il prit adroitement le diamant de son maître, en fit faire un faux tout semblable, qu'il remit à sa place, et donna le véritable en gage à un Arménien pour quelques milliers de roupies.

Quand le marquis eut ses roupies, tout fut prêt pour le départ. On chargea un éléphant de son bagage ; on monta à cheval. Topaze dit à son maître : « J'ai pris la liberté de vous faire des remontrances sur votre entreprise ; mais, après avoir remontré, il faut obéir ; je suis à vous, je vous aime, je vous suivrai jusqu'au bout du monde ; mais consultons en chemin l'oracle qui est à deux parasanges d'ici. » Rustan y consentit. L'oracle répondit : *Si tu vas à l'orient, tu seras à l'occident.* Rustan ne comprit rien à cette réponse. Topaze soutint qu'elle ne contenait rien de bon. Ébène, toujours complaisant, lui persuada qu'elle était très favorable.

Il y avait encore un autre oracle dans Kaboul ; ils y allèrent. L'oracle de Kaboul répondit en ces mots : *Si tu possèdes, tu ne posséderas pas ; si tu es vainqueur, tu ne vaincras pas ; si tu es Rustan, tu ne le seras pas.* Cet oracle parut encore plus

inintelligible que l'autre. « Prenez garde à vous, disait Topaze. — Ne redoutez rien », disait Ébène; et ce ministre, comme on peut le croire, avait toujours raison auprès de son maître, dont il encourageait la passion et l'espérance.

Au sortir de Kaboul, on marcha par une grande forêt; on s'assit sur l'herbe pour manger, on laissa les chevaux paître. On se préparait à décharger l'éléphant qui portait le dîner et le service, lorsqu'on s'aperçut que Topaze et Ébène n'étaient plus avec la petite caravane. On les appelle; la forêt retentit des noms d'Ébène et de Topaze. Les valets les cherchent de tous côtés et remplissent la forêt de leurs cris; ils reviennent sans avoir rien vu, sans qu'on leur ait répondu. « Nous n'avons trouvé, dirent-ils à Rustan, qu'un vautour qui se battait avec un aigle et qui lui ôtait toutes ses plumes. » Le récit de ce combat piqua la curiosité de Rustan; il alla à pied sur le lieu; il n'aperçut ni vautour ni aigle, mais il vit son éléphant, encore tout chargé de son bagage, qui était assailli par un gros rhinocéros. L'un frappait de sa corne, l'autre de sa trompe. Le rhinocéros lâcha prise à la vue de Rustan; on ramena son éléphant, mais on ne trouva plus les chevaux. « Il arrive d'étranges choses dans les forêts quand on voyage ! » s'écriait Rustan. Les valets étaient consternés, et le maître au désespoir d'avoir perdu à la fois ses chevaux, son cher nègre et le sage Topaze, pour lequel il avait toujours de l'amitié, quoiqu'il ne fût jamais de son avis.

L'espérance d'être bientôt aux pieds de la belle princesse de Cachemire le consolait, quand il rencontra un grand âne rayé, à qui un rustre vigoureux et terrible donnait cent coups de bâton. Rien n'est si beau, ni si rare, ni si léger à la course que les ânes de cette espèce. Celui-ci répondait aux coups redoublés du vilain par des ruades qui auraient pu déraciner un chêne. Le jeune mirza prit, comme de raison, le parti de l'âne, qui était une créature charmante. Le rustre s'enfuit en disant à l'âne : « Tu me le payeras. » L'âne remercia son libérateur en son langage, s'approcha, se laissa caresser, et caressa. Rustan monte dessus après avoir dîné, et prend le chemin de Cachemire avec ses domestiques, qui suivent, les uns à pied, les autres montés sur l'éléphant.

A peine était-il sur son âne que cet animal tourne vers Kaboul, au lieu de suivre la route de Cachemire. Son maître a beau tourner la bride, donner des saccades, serrer les genoux, appuyer des éperons, rendre la bride, tirer à lui, fouetter à droite et à gauche, l'animal opiniâtre courait toujours vers Kaboul.

Rustan suait, se démenait, se désespérait, quand il rencontra un marchand de chameaux qui lui dit : « Maître, vous avez là un âne bien malin, qui vous mène où vous ne voulez pas aller ; si vous voulez me le céder, je vous donnerai quatre de mes chameaux à choisir. » Rustan remercia la Providence de lui avoir procuré un si bon marché. « Topaze avait grand tort, dit-il, de me dire

que mon voyage serait malheureux. » Il monte sur
le plus beau chameau, les trois autres suivent ; il
rejoint sa caravane, et se voit dans le chemin de
son bonheur.

A peine a-t-il marché quatre parasanges qu'il
est arrêté par un torrent profond, large et impé-
tueux, qui roulait des rochers blanchis d'écume.
Les deux rivages étaient des précipices affreux,
qui éblouissaient la vue et glaçaient le courage ;
nul moyen de passer, nul d'aller à droite ou à
gauche. « Je commence à craindre, dit Rustan, que
Topaze n'ait eu raison de blâmer mon voyage, et
moi grand tort de l'entreprendre ; encore s'il était
ici, il me pourrait donner quelques bons avis. Si
j'avais Ébène, il me consolerait, et il trouverait
des expédients ; mais tout me manque. » Son
embarras était augmenté par la consternation de
sa troupe : la nuit était noire, on la passa à se
lamenter. Enfin la fatigue et l'abattement endor-
mirent l'amoureux voyageur. Il se réveille au point
du jour, et voit un beau pont de marbre élevé sur
le torrent d'une rive à l'autre.

Ce furent des exclamations, des cris d'étonne-
ment et de joie. « Est-il possible ? est-ce un songe ?
quel prodige ! quel enchantement ! oserons-nous
passer ? » Toute la troupe se mettait à genoux, se
relevait, allait au pont, baisait la terre, regardait
le ciel, étendait les mains, posait le pied en trem-
blant, allait, revenait, était en extase ; et Rustan
disait : « Pour le coup le Ciel me favorise : Topaze
ne savait ce qu'il disait ; les oracles étaient en ma

faveur ; Ébène avait raison ; mais pourquoi n'est-il pas ici ? »

A peine la troupe fut-elle au delà du torrent que voilà le pont qui s'abîme dans l'eau avec un fracas épouvantable. « Tant mieux ! tant mieux ! s'écria Rustan ; Dieu soit loué ! le Ciel soit béni ! il ne veut pas que je retourne dans mon pays, où je n'aurais été qu'un simple gentilhomme ; il veut que j'épouse ce que j'aime. Je serai prince de Cachemire ; c'est ainsi qu'en *possédant* ma maîtresse, je ne *posséderai* pas mon petit marquisat à Candahar. *Je serai Rustan, et je ne le serai pas,* puisque je deviendrai un grand prince : voilà une grande partie de l'oracle expliquée nettement en ma faveur, le reste s'expliquera de même ; je suis trop heureux ; mais pourquoi Ébène n'est-il pas auprès de moi ? je le regrette mille fois plus que Topaze. »

Il avança encore quelques parasanges avec la plus grande allégresse ; mais, sur la fin du jour, une enceinte de montagnes plus roides qu'une contrescarpe et plus hautes que n'aurait été la tour de Babel si elle avait été achevée, barra entièrement la caravane saisie de crainte.

Tout le monde s'écria : « Dieu veut que nous périssions ici ; il n'a brisé le pont que pour nous ôter tout espoir de retour ; il n'a élevé la montagne que pour nous priver de tout moyen d'avancer. O Rustan ! ô malheureux marquis ! nous ne verrons jamais Cachemire, nous ne rentrerons jamais dans la terre de Candahar. »

La plus cuisante douleur, l'abattement le plus accablant, succédaient dans l'âme de Rustan à la joie immodérée qu'il avait ressentie, aux espérances dont il s'était enivré. Il était bien loin d'interpréter les prophéties à son avantage. « O Ciel ! ô Dieu paternel ! faut-il que j'aie perdu mon ami Topaze ! »

Comme il prononçait ces paroles en poussant de profonds soupirs et en versant des larmes au milieu de ses suivants désespérés, voilà la base de la montagne qui s'ouvre, une longue galerie en voûte, éclairée de cent mille flambeaux, se présente aux yeux éblouis ; et Rustan de s'écrier, et ses gens de se jeter à genoux, et de tomber d'étonnement à la renverse, et de crier miracle, et de dire : « Rustan est le favori de Vichnou, le bien-aimé de Brahma ; il sera le maître du monde. » Rustan le croyait, il était hors de lui, élevé au-dessus de lui-même. « Ah ! Ébène, mon cher Ébène ! où êtes-vous ? que n'êtes-vous témoin de toutes ces merveilles ! comment vous ai-je perdu ? Belle princesse de Cachemire, quand reverrai-je vos charmes ? »

Il avance avec ses domestiques, son éléphant, ses chameaux, sous la voûte de la montagne, au bout de laquelle il entre dans une prairie émaillée de fleurs et bordée de ruisseaux ; et au bout de la prairie ce sont des allées d'arbres à perte de vue ; et au bout de ces allées une rivière, le long de laquelle sont mille maisons de plaisance, avec des jardins délicieux. Il entend partout des concerts de

voix et d'instruments ; il voit des danses ; il se hâte
de passer un des ponts de la rivière ; il demande
au premier homme qu'il rencontre quel est ce beau
pays.

Celui auquel il s'adressait lui répondit : « Vous
êtes dans la province de Cachemire ; vous voyez
les habitants dans la joie et dans les plaisirs ; nous
célébrons les noces de notre belle princesse qui va
se marier avec le seigneur Barbabou, à qui son
père l'a promise ; que Dieu perpétue leur félicité ! »
A ces paroles Rustan tomba évanoui, et le sei-
gneur cachemirien crut qu'il était sujet à l'épilep-
sie ; il le fit porter dans sa maison, où il fut long-
temps sans connaissance. On alla chercher les
deux plus habiles médecins du canton ; ils tâtèrent
le pouls du malade, qui, ayant repris un peu ses
esprits, poussait des sanglots, roulait les yeux, et
s'écriait de temps en temps : « Topaze, Topaze,
vous aviez bien raison ! »

L'un des deux médecins dit au seigneur cache-
mirien : « Je vois à son accent que c'est un jeune
homme de Candahar, à qui l'air de ce pays ne
vaut rien ; il faut le renvoyer chez lui ; je vois à
ses yeux qu'il est devenu fou ; confiez-le-moi, je
le ramènerai dans sa patrie, et je le guérirai. »
L'autre médecin assura qu'il n'était malade que
de chagrin, qu'il fallait le mener aux noces de la
princesse et le faire danser. Pendant qu'ils con-
sultaient, le malade reprit ses forces ; les deux
médecins furent congédiés, et Rustan demeura
tête à tête avec son hôte.

« Seigneur, lui dit-il, je vous demande pardon de m'être évanoui devant vous, je sais que cela n'est pas poli ; je vous supplie de vouloir bien accepter mon éléphant en reconnaissance des bontés dont vous m'avez honoré. » Il lui conta ensuite toutes ses aventures, en se gardant bien de lui parler de l'objet de son voyage. « Mais, au nom de Vichnou et de Brahma, lui dit-il, apprenez-moi quel est cet heureux Barbabou qui épouse la princesse de Cachemire ; pourquoi son père l'a choisi pour gendre, et pourquoi la princesse l'a accepté pour époux. — Seigneur, lui dit le Cachemirien, la princesse n'a point du tout accepté Barbabou : au contraire, elle est dans les pleurs, tandis que toute la province célèbre avec joie son mariage ; elle s'est enfermée dans la tour de son palais ; elle ne veut voir aucune des réjouissances qu'on fait pour elle. » Rustan, en entendant ces paroles, se sentit renaître ; l'éclat de ses couleurs, que la douleur avait flétries, reparut sur son visage. « Dites-moi, je vous prie, continua-t-il, pourquoi le prince de Cachemire s'obstine à donner sa fille à un Barbabou dont elle ne veut pas. — Voici le fait, répondit le Cachemirien. Savez-vous que notre auguste prince avait perdu un gros diamant et un javelot qui lui tenaient fort au cœur ? — Ah ! je le sais très bien, dit Rustan. — Apprenez donc, dit l'hôte, que notre prince, au désespoir de n'avoir point de nouvelles de ses deux bijoux, après les avoir fait longtemps chercher par toute la terre, a promis sa fille à quiconque lui

rapporterait l'un ou l'autre. Il est venu un seigneur Barbabou qui était muni du diamant, et il épouse demain la princesse. »

Rustan pâlit, bégaya un compliment, prit congé de son hôte, et courut sur son dromadaire à la ville capitale où se devait faire la cérémonie. Il arrive au palais du prince ; il dit qu'il a des choses importantes à lui communiquer ; il demande une audience ; on lui répond que le prince est occupé des préparatifs de la noce. « C'est pour cela même, dit-il, que je veux lui parler. » Il presse tant qu'il est introduit. « Monseigneur, dit-il, que Dieu couronne tous vos jours de gloire et de magnificence ! votre gendre est un fripon. — Comment, un fripon ? qu'osez-vous dire ? Est-ce ainsi qu'on parle à un duc de Cachemire du gendre qu'il a choisi ? — Oui, un fripon, reprit Rustan ; et, pour le prouver à Votre Altesse, c'est que voici votre diamant que je vous rapporte. »

Le duc, tout étonné, confronta les deux diamants ; et, comme il ne s'y connaissait guère, il ne put dire quel était le véritable. « Voilà deux diamants, dit-il, et je n'ai qu'une fille ; me voilà dans un étrange embarras ! » Il fit venir Barbabou et lui demanda s'il ne l'avait point trompé. Barbabou jura qu'il avait acheté son diamant d'un Arménien ; l'autre ne disait pas de qui il tenait le sien, mais il proposa un expédient : ce fut qu'il plût à Son Altesse de le faire combattre sur-le-champ contre son rival. « Ce n'est pas assez que votre gendre donne un diamant, disait-il, il faut aussi

qu'il donne des preuves de valeur : ne trouvez-vous pas bon que celui qui tuera l'autre épouse la princesse ? — Très bon, répondit le prince ; ce sera un fort beau spectacle pour la cour : battez-vous vite tous deux ; le vainqueur prendra les armes du vaincu, selon l'usage de Cachemire, et il épousera ma fille. »

Les deux prétendants descendent aussitôt dans la cour. Il y avait sur l'escalier une pie et un corbeau. Le corbeau criait : « Battez-vous, battez-vous »; la pie : « Ne vous battez pas. » Cela fit rire le prince ; les deux rivaux y prirent garde à peine : ils commencent le combat ; tous les courtisans faisaient un cercle autour d'eux. La princesse, se tenant toujours renfermée dans sa tour, ne voulut point assister à ce spectacle ; elle était bien loin de se douter que son amant fût à Cachemire, et elle avait tant d'horreur pour Barbabou qu'elle ne voulait rien voir. Le combat se passa le mieux du monde : Barbabou fut tué roide, et le peuple en fut charmé, parce qu'il était laid, et que Rustan était fort joli : c'est presque toujours ce qui décide de la faveur publique.

Le vainqueur revêtit la cotte de mailles, l'écharpe et le casque du vaincu, et vint, suivi de toute la cour, au son des fanfares, se présenter sous les fenêtres de sa maîtresse. Tout le monde criait : « Belle princesse, venez voir votre beau mari qui a tué son vilain rival »; ses femmes répétaient ces paroles. La princesse mit par malheur la tête à la fenêtre, et, voyant l'armure d'un homme qu'elle

abhorrait, elle courut en désespérée à son coffre de la Chine et tira le javelot fatal qui alla percer son cher Rustan au défaut de la cuirasse; il jeta un grand cri, et à ce cri la princesse crut reconnaître la voix de son malheureux amant.

Elle descend échevelée, la mort dans les yeux et dans le cœur. Rustan était déjà tombé tout sanglant dans les bras de son père. Elle le voit : ô moment! ô vue! ô reconnaissance dont on ne peut exprimer ni la douleur, ni la tendresse, ni l'horreur! Elle se jette sur lui, elle l'embrasse. « Tu reçois, lui dit-elle, les premiers et les derniers baisers de ton amante et de ta meurtrière. » Elle retire le dard de la plaie, l'enfonce dans son cœur et meurt sur l'amant qu'elle adore. Le père, épouvanté, éperdu, prêt à mourir comme elle, tâche en vain de la rappeler à la vie; elle n'était plus. Il maudit ce dard fatal, le brise en morceaux, jette au loin ces deux diamants funestes; et, tandis qu'on prépare les funérailles de sa fille au lieu de son mariage, il fait transporter dans son palais Rustan ensanglanté, qui avait encore un reste de vie.

On le porte dans un lit. La première chose qu'il voit aux deux côtés de ce lit de mort, c'est Topaze et Ébène. Sa surprise lui rendit un peu de force. « Ah! cruels, dit-il, pourquoi m'avez-vous abandonné? Peut-être la princesse vivrait encore, si vous aviez été près du malheureux Rustan. — Je ne vous ai pas abandonné un seul moment, dit Topaze. — J'ai toujours été près de vous, dit Ébène. — Ah! que dites-vous? pourquoi insulter à

mes derniers moments ? répondit Rustan d'une voix languissante. — Vous pouvez m'en croire, dit Topaze ; vous savez que je n'approuvai jamais ce fatal voyage dont je prévoyais les horribles suites. C'est moi qui étais l'aigle qui a combattu contre le vautour, et qu'il a déplumé ; j'étais l'éléphant qui emportait le bagage pour vous forcer à retourner dans votre patrie ; j'étais l'âne rayé qui vous ramenait malgré vous chez votre père ; c'est moi qui ai égaré vos chevaux ; c'est moi qui ai formé le torrent qui vous empêchait de passer ; c'est moi qui ai élevé la montagne qui vous fermait un chemin si funeste ; j'étais le médecin qui vous conseillait l'air natal ; j'étais la pie qui vous criait de ne point combattre. — Et moi, dit Ébène, j'étais le vautour qui a déplumé l'aigle, le rhinocéros qui donnait cent coups de corne à l'éléphant, le vilain qui battait l'âne rayé, le marchand qui vous donnait des chameaux pour courir à votre perte ; j'ai bâti le pont sur lequel vous avez passé ; j'ai creusé la caverne que vous avez traversée ; je suis le médecin qui vous encourageait à marcher, le corbeau qui vous criait de vous battre. — Hélas ! souviens-toi des oracles, dit Topaze : *Si tu vas à l'orient, tu seras à l'occident.* — Oui, dit Ébène, on ensevelit ici les morts le visage tourné à l'occident : l'oracle était clair, que ne l'as-tu compris ? *Tu as possédé, et tu ne possédais pas :* car tu avais le diamant, mais il était faux et tu n'en savais rien. Tu es vainqueur et tu meurs ; tu es Rustan, et tu cesses de l'être : tout a été accompli. »

Comme il parlait ainsi, quatre ailes blanches couvrirent le corps de Topaze, et quatre ailes noires celui d'Ébène. « Que vois-je? » s'écria Rustan. Topaze et Ébène répondirent ensemble : « Tu vois tes deux génies. — Eh! Messieurs, leur dit le malheureux Rustan, de quoi vous mêliez-vous, et pourquoi deux génies pour un pauvre homme? — C'est la loi, dit Topaze : chaque homme a ses deux génies, c'est Platon qui l'a dit le premier, et d'autres l'ont répété ensuite ; tu vois que rien n'est plus véritable : moi qui te parle, je suis ton bon génie, et ma charge était de veiller auprès de toi jusqu'au dernier moment de ta vie ; je m'en suis fidèlement acquitté. — Mais, dit le mourant, si ton emploi était de me servir, je suis donc d'une nature fort supérieure à la tienne ; et puis comment oses-tu dire que tu es mon bon génie, quand tu m'as laissé tromper dans tout ce que j'ai entrepris, et que tu me laisses mourir, moi et ma maîtresse, misérablement? — Hélas! c'était ta destinée, dit Topaze. — Si c'est la destinée qui fait tout, dit le mourant, à quoi un génie est-il bon? Et toi, Ébène, avec tes quatre ailes noires, tu es apparemment mon mauvais génie? — Vous l'avez dit, répondit Ébène. — Mais tu étais donc aussi le mauvais génie de ma princesse? — Non, elle avait le sien, et je l'ai parfaitement secondé. — Ah! maudit Ébène, si tu es si méchant, tu n'appartiens donc pas au même maître que Topaze? Vous avez été formés tous deux par deux principes différents, dont l'un est bon et l'autre méchant de sa

nature? — Ce n'est pas une conséquence, dit Ébène, mais c'est une grande difficulté. — Il n'est pas possible, reprit l'agonisant, qu'un être favorable ait fait un génie si funeste. — Possible ou non possible, repartit Ébène, la chose est comme je te le dis. — Hélas! dit Topaze, mon pauvre ami, ne vois-tu pas que ce coquin-là a encore la malice de te faire disputer pour allumer ton sang et précipiter l'heure de ta mort? — Va, je ne suis guère plus content de toi que de lui, dit le triste Rustan : il avoue du moins qu'il a voulu me faire du mal; et toi, qui prétendais me défendre, tu ne m'as servi de rien. — J'en suis bien fâché, dit le bon génie. — Et moi aussi, dit le mourant; il y a quelque chose là-dessous que je ne comprends pas. — Ni moi non plus, dit le pauvre bon génie. — J'en serai instruit dans un moment, dit Rustan. — C'est ce que nous verrons », dit Topaze. Alors tout disparut. Rustan se retrouva dans la maison de son père, dont il n'était pas sorti, et dans son lit, où il avait dormi une heure.

Il se réveille en sursaut, tout en sueur, tout égaré; il se tâte, il appelle, il crie, il sonne. Son valet de chambre Topaze accourt en bonnet de nuit, et tout en bâillant. « Suis-je mort, suis-je en vie? s'écriait Rustan, la belle princesse de Cachemire en réchappera-t-elle?... — Monseigneur rêve-t-il? répondit froidement Topaze. — Ah! s'écriait Rustan, qu'est donc devenu ce barbare Ébène avec ses quatre ailes noires? c'est lui qui me fait mourir d'une mort si cruelle. — Monseigneur, je l'ai

laissé là-haut qui ronfle ; voulez-vous qu'on le fasse descendre ? — Le scélérat ! il y a six mois entiers qu'il me persécute ; c'est lui qui me mena à cette fatale foire de Kaboul ; c'est lui qui m'escamota le diamant que m'avait donné la princesse ; il est seul la cause de mon voyage, de la mort de ma princesse, et du coup de javelot dont je meurs à la fleur de mon âge. — Rassurez-vous, dit Topaze ; vous n'avez jamais été à Kaboul ; il n'y a point de princesse de Cachemire ; son père n'a jamais eu que deux garçons qui sont actuellement au collège. Vous n'avez jamais eu de diamant ; la princesse ne peut être morte, puisqu'elle n'est pas née, et vous vous portez à merveille. — Comment ! il n'est pas vrai que tu m'assistais à la mort dans le lit du prince de Cachemire ? Ne m'as-tu pas avoué que, pour me garantir de tant de malheurs, tu avais été aigle, éléphant, âne rayé, médecin et pie ? — Monseigneur, vous avez rêvé tout cela : nos idées ne dépendent pas plus de nous dans le sommeil que dans la veille. Dieu a voulu que cette file d'idées vous ait passé par la tête, pour vous donner apparemment quelque instruction dont vous ferez votre profit. — Tu te moques de moi, reprit Rustan ; combien de temps ai-je dormi ? — Monseigneur, vous n'avez encore dormi qu'une heure. — Eh bien ! maudit raisonneur, comment veux-tu qu'en une heure de temps j'aie été à la foire de Kaboul il y a six mois, que j'en sois revenu, que j'aie fait le voyage de Cachemire, et que nous soyons morts, Barbabou, la princesse et moi ?

— Monseigneur, il n'y a rien de plus aisé et de plus ordinaire, et vous auriez pu réellement faire le tour du monde et avoir beaucoup plus d'aventures en bien moins de temps. N'est-il pas vrai que vous pouvez lire en une heure l'abrégé de l'histoire des Perses, écrite par Zoroastre? cependant cet abrégé contient huit cent mille années. Tous ces événements passent sous vos yeux l'un après l'autre en une heure; or vous m'avouerez qu'il est aussi aisé à Brahma de les resserrer tous dans l'espace d'une heure que de les étendre dans l'espace de huit cent mille années; c'est précisément la même chose. Figurez-vous que le temps tourne sur une roue dont le diamètre est infini. Sous cette roue immense sont une multitude innombrable de roues les unes dans les autres; celle du centre est imperceptible et fait un nombre infini de tours précisément dans le même temps que la grande roue n'en achève qu'un. Il est clair que tous les événements, depuis le commencement du monde jusqu'à sa fin, peuvent arriver successivement en beaucoup moins de temps que la cent millième partie d'une seconde; et on peut dire même que la chose est ainsi. — Je n'y entends rien, dit Rustan. — Si vous voulez, dit Topaze, j'ai un perroquet qui vous le fera aisément comprendre. Il est né quelque temps avant le déluge; il a été dans l'arche; il a beaucoup vu; cependant il n'a qu'un an et demi : il vous contera son histoire qui est fort intéressante. — Allez vite chercher votre perroquet, dit Rustan; il m'amusera jusqu'à ce que je puisse me rendormir. — Il

est chez ma sœur, la religieuse, dit Topaze ; je vais
le chercher, vous en serez content ; sa mémoire est
fidèle, il conte simplement, sans chercher à mon-
trer de l'esprit à tout propos et sans faire des
phrases. — Tant mieux, dit Rustan, voilà comme
j'aime les contes. » On lui amena le perroquet,
lequel parla ainsi.

N. B. — M^lle Catherine Vadé n'a jamais pu trouver l'histoire du
perroquet dans le portefeuille de feu son cousin Antoine Vadé,
auteur de ce conte. C'est grand dommage, vu le temps auquel
vivait ce perroquet (*Note de Voltaire*, 1764.)

JEANNOT ET COLIN

JEANNOT ET COLIN

PLUSIEURS personnes dignes de foi ont vu Jeannot et Colin à l'école, dans la ville d'Issoire, en Auvergne, ville fameuse dans tout l'univers par son collège et par ses chaudrons. Jeannot était fils d'un marchand de mulets très renommé et Colin devait le jour à un brave laboureur des environs, qui cultivait la terre avec quatre mulets, et qui, après avoir payé la taille, le taillon, les aides et gabelles, le sou pour livre, la capitation et les ving-tièmes, ne se trouvait pas puissamment riche au bout de l'année.

Jeannot et Colin étaient fort jolis pour des Auvergnats ; ils s'aimaient beaucoup, et ils avaient ensemble de petites privautés, de petites familia-rités, dont on se ressouvient toujours avec agré-ment quand on se rencontre ensuite dans le monde.

Le temps de leurs études était sur le point de finir, quand un tailleur apporta à Jeannot un habit de velours à trois couleurs, avec une veste de Lyon de fort bon goût : le tout était accompagné d'une lettre à M. de la Jeannotière. Colin admira l'habit et ne fut point jaloux ; mais Jeannot prit un air de supériorité qui affligea Colin. Dès ce moment Jeannot n'étudia plus, se regarda au miroir et méprisa tout le monde. Quelque temps après un valet de chambre arrive en poste et apporte une

seconde lettre à M. le marquis de la Jeannotière :
c'était un ordre de monsieur son père de faire venir
monsieur son fils à Paris. Jeannot monta en chaise
en tendant la main à Colin avec un sourire de pro-
tection assez noble. Colin sentit son néant et pleura.
Jeannot partit dans toute la pompe de sa gloire.

Les lecteurs qui aiment à s'instruire doivent
savoir que M. Jeannot, le père, avait acquis assez
rapidement des biens immenses dans les affaires.
Vous demandez comment on fait ces grandes for-
tunes ? C'est parce qu'on est heureux. M. Jeannot
était bien fait, sa femme aussi, et elle avait encore
de la fraîcheur. Ils allèrent à Paris pour un procès
qui les ruinait, lorsque la fortune, qui élève et qui
abaisse les hommes à son gré, les présenta à la
femme d'un entrepreneur des hôpitaux des armées,
homme d'un grand talent, et qui pouvait se vanter
d'avoir tué plus de soldats en un an que le canon
n'en fait périr en dix. Jeannot plut à madame; la
femme de Jeannot plut à monsieur. Jeannot fut
bientôt de part dans l'entreprise; il entra dans
d'autres affaires. Dès qu'on est dans le fil de l'eau,
il n'y a qu'à se laisser aller; on fait sans peine une
fortune immense. Les gredins, qui du rivage vous
regardent voguer à pleines voiles, ouvrent des
yeux étonnés; ils ne savent comment vous avez pu
parvenir; ils vous envient au hasard, et font contre
vous des brochures que vous ne lisez point. C'est
ce qui arriva à Jeannot le père, qui fut bientôt
M. de la Jeannotière, et qui, ayant acheté un
marquisat au bout de six mois, retira de l'école

monsieur le marquis son fils, pour le mettre à Paris dans le beau monde.

Colin, toujours tendre, écrivit une lettre de compliments à son ancien camarade, *et lui fit ces lignes pour le congratuler*. Le petit marquis ne lui fit point de réponse : Colin en fut malade de douleur.

Le père et la mère donnèrent d'abord un gouverneur au jeune marquis : ce gouverneur, qui était un homme du bel air, et qui ne savait rien, ne put rien enseigner à son pupille. Monsieur voulait que son fils apprît le latin, madame ne le voulait pas. Ils prirent pour arbitre un auteur qui était célèbre alors par des ouvrages agréables. Il fut prié à dîner. Le maître de la maison commença par lui dire d'abord : « Monsieur, comme vous savez le latin, et que vous êtes un homme de la cour... — Moi, Monsieur, du latin ! je n'en sais pas un mot, répondit le bel esprit, et bien m'en a pris ; il est clair qu'on parle beaucoup mieux sa langue quand on ne partage pas son application entre elle et des langues étrangères. Voyez toutes nos dames : elles ont l'esprit plus agréable que les hommes ; leurs lettres sont écrites avec cent fois plus de grâce ; elles n'ont sur nous cette supériorité que parce qu'elles ne savent pas le latin. — Eh bien ! n'avais-je pas raison ? dit madame. Je veux que mon fils soit un homme d'esprit, qu'il réussisse dans le monde ; et vous voyez bien que, s'il savait le latin, il serait perdu. Joue-t-on, s'il vous plaît, la comédie et l'opéra en latin ? Plaide-t-on en latin quand on a un procès ? Fait-on l'amour en latin ? »

Monsieur, ébloui de ces raisons, passa condamnation, et il fut conclu que le jeune marquis ne perdrait point son temps à connaître Cicéron, Horace et Virgile. Mais qu'apprendra-t-il donc ? car encore faut-il qu'il sache quelque chose ; ne pourrait-on pas lui montrer un peu de géographie ? « A quoi cela lui servira-t-il ? répondit le gouverneur. Quand monsieur le marquis ira dans ses terres, les postillons ne sauront-ils pas les chemins ? Ils ne l'égareront certainement pas. On n'a pas besoin d'un quart de cercle pour voyager, et on va très commodément de Paris en Auvergne, sans qu'il soit besoin de savoir sous quelle latitude on se trouve. — Vous avez raison, répliqua le père ; mais j'ai entendu parler d'une belle science qu'on appelle, je crois, l'*astronomie*. — Quelle pitié ! repartit le gouverneur ; se conduit-on par les astres dans ce monde ? et faudra-t-il que monsieur le marquis se tue à calculer une éclipse, quand il la trouve à point nommé dans l'almanach, qui lui enseigne de plus les fêtes mobiles, l'âge de la lune et celui de toutes les princesses de l'Europe ? »

Madame fut entièrement de l'avis du gouverneur. Le petit marquis était au comble de la joie ; le père était très indécis. « Que faudra-t-il donc apprendre à mon fils ? disait-il. — A être aimable, répondit l'ami que l'on consultait ; et, s'il sait *les moyens de plaire*, il saura tout : c'est un art qu'il apprendra chez madame sa mère, sans que ni l'un ni l'autre se donnent la moindre peine. »

Madame, à ce discours, embrassa le gracieux

ignorant, et lui dit : « On voit bien, Monsieur, que vous êtes l'homme du monde le plus savant ; mon fils vous devra toute son éducation : je m'imagine pourtant qu'il ne serait pas mal qu'il sût un peu d'histoire. — Hélas ! Madame, à quoi cela est-il bon ? répondit-il : il n'y a certainement d'agréable et d'utile que l'histoire du jour. Toutes les histoires anciennes, comme le disait un de nos beaux esprits, ne sont que des fables convenues, et, pour les modernes, c'est un chaos qu'on ne peut débrouiller. Qu'importe à monsieur votre fils que Charlemagne ait institué les douze pairs de France, et que son successeur ait été bègue ? — Rien n'est mieux dit ! s'écria le gouverneur : on étouffe l'esprit des enfants sous un amas de connaissances inutiles ; mais de toutes les sciences, la plus absurde, à mon avis, et celle qui est la plus capable d'étouffer toute espèce de génie, c'est la géométrie. Cette science ridicule a pour objet des surfaces, des lignes et des points qui n'existent pas dans la nature. On fait passer en esprit cent mille lignes courbes entre un cercle et une ligne droite qui le touche, quoique dans la réalité on n'y puisse pas passer un fétu. La géométrie, en vérité, n'est qu'une mauvaise plaisanterie. »

Monsieur et madame n'entendaient pas trop ce que le gouverneur voulait dire ; mais ils furent entièrement de son avis.

« Un seigneur comme monsieur le marquis, continua-t-il, ne doit pas se dessécher le cerveau dans ces vaines études. Si un jour il a besoin d'un

géomètre sublime pour lever le plan de ses terres, il les fera arpenter pour son argent. S'il veut débrouiller l'antiquité de sa noblesse, qui remonte aux temps les plus reculés, il enverra chercher un bénédictin. Il en est de même de tous les arts. Un jeune seigneur heureusement né n'est ni peintre, ni musicien, ni architecte, ni sculpteur; mais il fait fleurir tous ces arts en les encourageant par sa magnificence. Il vaut sans doute mieux les protéger que de les exercer; il suffit que monsieur le marquis ait du goût; c'est aux artistes à travailler pour lui; et c'est en quoi on a très grande raison de dire que les gens de qualité (j'entends ceux qui sont très riches) savent tout sans avoir rien appris, parce qu'en effet ils savent à la longue juger de toutes les choses qu'ils commandent et qu'ils payent. »

L'aimable ignorant prit alors la parole, et dit : « Vous avez très bien remarqué, Madame, que la grande fin de l'homme est de réussir dans la société. De bonne foi, est-ce par les sciences qu'on obtient ce succès? S'est-on jamais avisé dans la bonne compagnie de parler de géométrie? Demande-t-on jamais à un honnête homme quel astre se lève aujourd'hui avec le soleil? S'informe-t-on à souper si Clodion le Chevelu passa le Rhin? — Non, sans doute, s'écria la marquise de la Jeannotière, que ses charmes avaient initiée quelquefois dans le beau monde; et monsieur mon fils ne doit point éteindre son génie par l'étude de tous ces fatras; mais enfin que lui apprendra-t-on? Car

il est bon qu'un jeune seigneur puisse briller dans l'occasion, comme dit monsieur mon mari. Je me souviens d'avoir ouï dire à un abbé que la plus agréable des sciences était une chose dont j'ai oublié le nom, mais qui commence par un B. — Par un B, Madame? ne serait-ce point la botanique? — Non, ce n'était point de botanique qu'il me parlait; elle commençait, vous dis-je, par un B, et finissait par un *on*. — Ah! j'entends, Madame; c'est le blason; c'est à la vérité une science fort profonde; mais elle n'est plus à la mode depuis qu'on a perdu l'habitude de faire peindre ses armes aux portières de son carrosse; c'était la chose du monde la plus utile dans un État bien policé. D'ailleurs, cette étude serait infinie; il n'y a point aujourd'hui de barbier qui n'ait ses armoiries; et vous savez que tout ce qui devient commun est peu fêté. » Enfin, après avoir examiné le fort et le faible des sciences, il fut décidé que monsieur le marquis apprendrait à danser.

La nature, qui fait tout, lui avait donné un talent qui se développa bientôt avec un succès prodigieux: c'était de chanter agréablement des vaudevilles. Les grâces de la jeunesse, jointes à ce don supérieur, le firent regarder comme le jeune homme de la plus grande espérance. Il fut aimé des femmes, et, ayant la tête toute pleine de chansons, il en fit pour ses maîtresses. Il pillait *Bacchus et l'Amour* dans un vaudeville, *la nuit et le jour* dans un autre, *les charmes et les alarmes* dans un troisième; mais, comme il y avait toujours dans

ses vers quelques pieds de plus ou de moins qu'il
ne fallait, il les faisait corriger moyennant vingt
louis d'or par chanson ; et il fut mis dans *l'Année
littéraire* au rang des La Fare, des Chaulieu, des
Hamilton, des Sarrasin et des Voiture.

Madame la marquise crut alors être la mère
d'un bel esprit, et donna à souper aux beaux es-
prits de Paris. La tête du jeune homme fut bientôt
renversée ; il acquit l'art de parler sans s'entendre,
et se perfectionna dans l'habitude de n'être propre
à rien. Quand son père le vit si éloquent, il re-
gretta vivement de ne lui avoir pas fait apprendre
le latin, car il lui aurait acheté une grande charge
dans la robe. La mère, qui avait des sentiments
plus nobles, se chargea de solliciter un régiment
pour son fils ; et en attendant il fit l'amour. L'amour
est quelquefois plus cher qu'un régiment. Il dépensa
beaucoup, pendant que ses parents s'épuisaient
encore davantage à vivre en grands seigneurs.

Une jeune veuve de qualité, leur voisine, qui
n'avait qu'une fortune médiocre, voulut bien se
résoudre à mettre en sûreté les grands biens de
M. et de M^me de la Jeannotière, en se les appro-
priant et en épousant le jeune marquis. Elle l'at-
tira chez elle, se laissa aimer, lui fit entrevoir
qu'il ne lui était pas indifférent, le conduisit par
degrés, l'enchanta, le subjugua sans peine. Elle lui
donnait tantôt des éloges, tantôt des conseils ;
elle devint la meilleure amie du père et de la
mère. Une vieille voisine proposa le mariage ; les
parents, éblouis de la splendeur de cette alliance,

acceptèrent avec joie la proposition : ils donnèrent leur fils unique à leur amie intime. Le jeune marquis allait épouser une femme qu'il adorait et dont il était aimé ; les amis de la maison le félicitaient ; on allait rédiger les articles, en travaillant aux habits de noce et à l'épithalame.

Il était, un matin, aux genoux de sa charmante épouse, que l'amour, l'estime et l'amitié allaient lui donner ; ils goûtaient, dans une conversation tendre et animée, les prémices de leur bonheur ; ils s'arrangeaient pour mener une vie délicieuse, lorsqu'un valet de chambre de madame la mère arrive tout effaré. « Voici bien d'autres nouvelles, dit-il ; des huissiers déménagent la maison de monsieur et de madame ; tout est saisi par des créanciers : on parle de prise de corps, et je vais faire mes diligences pour être payé de mes gages. — Voyons un peu, dit le marquis, *que c'est que ça*, ce que c'est que cette aventure-là. — Oui, dit la veuve, allez punir ces coquins-là, allez vite. » Il y court, il arrive à la maison ; son père était déjà emprisonné : tous les domestiques avaient fui chacun de leur côté, en emportant tout ce qu'ils avaient pu. Sa mère était seule, sans secours, sans consolation, noyée dans les larmes ; il ne lui restait rien que le souvenir de sa fortune, de sa beauté, de ses fautes et de ses folles dépenses.

Après que le fils eut longtemps pleuré avec la mère, il lui dit enfin : « Ne nous désespérons pas ; cette jeune veuve m'aime éperdument ; elle est plus généreuse encore que riche, je réponds d'elle ; je

vole à elle, et je vais vous l'amener. » Il retourne donc chez sa maîtresse, il la trouve tête à tête avec un jeune officier fort aimable. « Quoi ! c'est vous, Monsieur de la Jeannotière ? que venez-vous faire ici ? Abandonne-t-on ainsi sa mère ? Allez chez cette pauvre femme, et dites-lui que je lui veux toujours du bien : j'ai besoin d'une femme de chambre, et je lui donnerai la préférence. — Mon garçon, tu me parais assez bien tourné, lui dit l'officier ; si tu veux entrer dans ma compagnie, je te donnerai un bon engagement. »

Le marquis stupéfait, la rage dans le cœur, alla chercher son ancien gouverneur, déposa ses douleurs dans son sein et lui demanda des conseils. Celui-ci lui proposa de se faire, comme lui, gouverneur d'enfants. « Hélas ! je ne sais rien, vous ne m'avez rien appris, et vous êtes la première cause de mon malheur » ; et il sanglotait en lui parlant ainsi. « Faites des romans, lui dit un bel esprit qui était là ; c'est une excellente ressource à Paris. »

Le jeune homme, plus désespéré que jamais, courut chez le confesseur de sa mère : c'était un théatin très accrédité, qui ne dirigeait que les femmes de la première considération ; dès qu'il le vit, il se précipita vers lui. « Eh ! mon Dieu ! Monsieur le marquis, où est votre carrosse ? comment se porte la respectable madame la marquise votre mère ? » Le pauvre malheureux lui conta le désastre de sa famille. A mesure qu'il s'expliquait, le théatin prenait une mine plus grave, plus indifférente,

plus imposante : « Mon fils, voilà où Dieu vous voulait : les richesses ne servent qu'à corrompre le cœur ; Dieu a donc fait la grâce à votre mère de la réduire à la mendicité ? — Oui, Monsieur. — Tant mieux, elle est sûre de son salut. — Mais, mon père, en attendant, n'y aurait-il pas moyen d'obtenir quelque secours dans ce monde ? — Adieu, mon fils ; il y a une dame de la cour qui m'attend. »

Le marquis fut prêt à s'évanouir ; il fut traité à peu près de même par tous ses amis, et apprit mieux à connaître le monde dans une demi-journée que dans tout le reste de sa vie.

Comme il était plongé dans l'accablement du désespoir, il vit avancer une chaise roulante à l'antique, espèce de tombereau couvert, accompagné de rideaux de cuir, suivi de quatre charrettes énormes toutes chargées. Il y avait dans la chaise un jeune homme grossièrement vêtu ; c'était un visage rond et frais qui respirait la douceur et la gaieté. Sa petite femme, brune, et assez grossièrement agréable, était cahotée à côté de lui. La voiture n'allait pas comme le char d'un petit-maître. Le voyageur eut tout le temps de contempler le marquis, immobile, abîmé dans sa douleur. « Eh ! mon Dieu ! s'écria-t-il, je crois que c'est là Jeannot. » A ce nom, le marquis lève les yeux, la voiture s'arrête : « C'est Jeannot lui-même, c'est Jeannot. » Le petit homme rebondi ne fait qu'un saut et court embrasser son ancien camarade. Jeannot reconnut Colin ; la honte et les pleurs

couvrirent son visage. « Tu m'as abandonné, dit Colin ; mais tu as beau être grand seigneur, je t'aimerai toujours. » Jeannot, confus et attendri, lui conta en sanglotant une partie de son histoire. « Viens dans l'hôtellerie où je loge me conter le reste, lui dit Colin, embrasse ma petite femme et allons dîner ensemble. »

Ils vont tous trois à pied, suivis du bagage. « Qu'est-ce donc que tout cet attirail ? vous appartient-il ? — Oui, tout est à moi et à ma femme. Nous arrivons du pays ; je suis à la tête d'une bonne manufacture de fer étamé et de cuivre. J'ai épousé la fille d'un riche négociant en ustensiles nécessaires aux grands et aux petits ; nous travaillons beaucoup ; Dieu nous bénit ; nous n'avons point changé d'état ; nous sommes heureux, nous aiderons notre ami Jeannot. Ne sois plus marquis ; toutes les grandeurs de ce monde ne valent pas un bon ami. Tu reviendras avec moi au pays, je t'apprendrai le métier, il n'est pas bien difficile ; je te mettrai de part, et nous vivrons gaiement dans le coin de terre où nous sommes nés. »

Jeannot, éperdu, se sentait partagé entre la douleur et la joie, la tendresse et la honte ; et il se disait tout bas : « Tous mes amis du bel air m'ont trahi, et Colin, que j'ai méprisé, vient seul à mon secours. Quelle instruction ! » La bonté d'âme de Colin développa dans le cœur de Jeannot le germe du bon naturel, que le monde n'avait pas encore étouffé. Il sentit qu'il ne pouvait abandonner son père et sa mère. « Nous aurons soin de

ta mère, dit Colin ; et quant à ton bonhomme de père, qui est en prison, j'entends un peu les affaires ; ses créanciers, voyant qu'il n'a plus rien, s'accommoderont pour peu de chose ; je me charge de tout. » Colin fit tant qu'il tira le père de prison. Jeannot retourna dans sa patrie avec ses parents, qui reprirent leur première profession. Il épousa une sœur de Colin, laquelle, étant de même humeur que le frère, le rendit très heureux. Et Jeannot le père, et Jeannotte la mère, et Jeannot le fils, virent que le bonheur n'est pas dans la vanité.

AVENTURE INDIENNE

AVENTURE INDIENNE

PYTHAGORE, dans son séjour aux Indes, apprit, comme tout le monde sait, à l'école des gymnosophistes, le langage des bêtes et celui des plantes. Se promenant un jour dans une prairie assez près du rivage de la mer, il entendit ces paroles : « Que je suis malheureuse d'être née herbe ! à peine suis-je parvenue à deux pouces de hauteur que voilà un monstre dévorant, un animal horrible, qui me foule sous ses larges pieds ; sa gueule est armée d'une rangée de faux tranchantes avec laquelle il me coupe, me déchire et m'engloutit. Les hommes nomment ce monstre un mouton. Je ne crois pas qu'il y ait au monde une plus abominable créature. »

Pythagore avança quelques pas ; il trouva une huître qui bâillait sur un petit rocher ; il n'avait point encore embrassé cette admirable loi par laquelle il est défendu de manger les animaux nos semblables. Il allait avaler l'huître, lorsqu'elle prononça ces mots attendrissants : « O nature ! que l'herbe, qui est comme moi ton ouvrage, est heureuse ! Quand on l'a coupée, elle renaît, elle est immortelle ; et nous, pauvres huîtres, en vain sommes-nous défendues par une double cuirasse ; des scélérats nous mangent par douzaines à leur déjeuner, et c'en est fait pour jamais. Quelle épouvantable destinée que celle d'une huître, et que les hommes sont barbares ! »

Pythagore tressaillit : il sentit l'énormité du crime qu'il allait commettre : il demanda pardon à l'huître en pleurant, et la remit bien proprement sur son rocher.

Comme il rêvait profondément à cette aventure en retournant à la ville, il vit des araignées qui mangeaient des mouches, des hirondelles qui mangeaient des araignées, des éperviers qui mangeaient des hirondelles. « Tous ces gens-là, dit-il, ne sont pas philosophes. »

Pythagore, en entrant, fut heurté, froissé, renversé par une multitude de gredins et de gredines qui couraient en criant : « C'est bien fait, c'est bien fait, ils l'ont bien mérité ! — Qui ? quoi ? » dit Pythagore en se relevant ; et les gens couraient toujours en disant : « Ah ! que nous aurons de plaisir de les voir cuire ! » Pythagore crut qu'on parlait de lentilles ou de quelques autres légumes ; point du tout, c'était de deux pauvres Indiens. « Ah ! sans doute, dit Pythagore, ce sont deux grands philosophes qui sont las de la vie ; ils sont bien aises de renaître sous une autre forme ; il y a du plaisir à changer de maison, quoiqu'on soit toujours mal logé : il ne faut pas disputer des goûts. »

Il avança avec la foule jusqu'à la place publique, et ce fut là qu'il vit un grand bûcher allumé, et vis-à-vis de ce bûcher un banc qu'on appelait un *tribunal,* et sur ce banc des juges, et ces juges tenaient tous une queue de vache à la main, et ils avaient sur la tête un bonnet ressemblant parfaitement aux deux oreilles de l'animal qui porta

Silène quand il vint autrefois au pays avec Bacchus, après avoir traversé la mer Érythrée à pied sec, et avoir arrêté le soleil et la lune, comme on le raconte fidèlement dans les *Orphiques*.

Il y avait parmi ces juges un honnête homme fort connu de Pythagore. Le sage de l'Inde expliqua au sage de Samos de quoi il était question dans la fête qu'on allait donner au peuple hindou.

« Les deux Indiens, dit-il, n'ont nulle envie d'être brûlés ; mes graves confrères les ont condamnés à ce supplice, l'un pour avoir dit que la substance de Xaca n'est pas la substance de Brahma ; et l'autre, pour avoir soupçonné qu'on pouvait plaire à l'Être suprême par la vertu, sans tenir en mourant une vache par la queue ; parce que, disait-il, on peut être vertueux en tout temps, et qu'on ne trouve pas toujours une vache à point nommé. Les bonnes femmes de la ville ont été si effrayées de ces deux propositions si hérétiques qu'elles n'ont point donné de repos aux juges jusqu'à ce qu'ils aient ordonné le supplice de ces deux infortunés. »

Pythagore jugea que depuis l'herbe jusqu'à l'homme il y avait bien des sujets de chagrin. Il fit pourtant entendre raison aux juges, et même aux dévotes ; et c'est ce qui n'est arrivé que cette seule fois.

Ensuite il alla prêcher la tolérance à Crotone ; mais un intolérant mit le feu à sa maison : il fut brûlé, lui qui avait tiré deux Indous des flammes. *Sauve qui peut !*

LES AVEUGLES

JUGES DES COULEURS

LES AVEUGLES
JUGES DES COULEURS

DANS les commencements de la fondation des Quinze-Vingts, on sait qu'ils étaient tous égaux, et que leurs petites affaires se décidaient à la pluralité des voix. Ils distinguaient parfaitement au toucher la monnaie de cuivre de celle d'argent ; aucun d'eux ne prit jamais du vin de Brie pour du vin de Bourgogne. Leur odorat était plus fin que celui de leurs voisins qui avaient deux yeux. Ils raisonnèrent parfaitement sur les quatre sens, c'est-à-dire qu'ils en connurent tout ce qu'il est permis d'en savoir ; et ils vécurent paisibles et fortunés autant que des Quinze-Vingts peuvent l'être. Malheureusement un de leurs professeurs prétendit avoir des notions claires sur le sens de la vue ; il se fit écouter, il intrigua, il forma des enthousiastes : enfin on le reconnut pour le chef de la communauté. Il se mit à juger souverainement des couleurs, et tout fut perdu.

Ce premier dictateur des Quinze-Vingts se forma d'abord un petit conseil, avec lequel il se rendit le maître de toutes les aumônes. Par ce moyen personne n'osa lui résister. Il décida que tous les habits des Quinze-Vingts étaient blancs : les aveugles le crurent ; ils ne parlaient que de leurs beaux habits blancs, quoiqu'il n'y en eût pas

un seul de cette couleur. Tout le monde se moqua d'eux; ils allèrent se plaindre au dictateur, qui les reçut fort mal; il les traita de novateurs, d'esprits forts, de rebelles, qui se laissaient séduire par les opinions erronées de ceux qui avaient des yeux, et qui osaient douter de l'infaillibilité de leur maître. Cette querelle forma deux partis.

Le dictateur, pour les apaiser, rendit un arrêt par lequel tous leurs habits étaient rouges. Il n'y avait pas un habit rouge aux Quinze-Vingts. On se moqua d'eux plus que jamais : nouvelles plaintes de la part de la communauté. Le dictateur entra en fureur, les autres aveugles aussi; on se battit longtemps, et la concorde ne fut rétablie que lorsqu'il fut permis à tous les Quinze-Vingts de suspendre leur jugement sur la couleur de leurs habits.

Un sourd, en lisant cette petite histoire, avoua que les aveugles avaient eu tort de juger des couleurs; mais il resta ferme dans l'opinion qu'il n'appartient qu'aux sourds de juger de la musique.

L'INGÉNU

HISTOIRE VÉRITABLE

TIRÉE DES MANUSCRITS DU PÈRE QUESNEL

L'INGÉNU

CHAPITRE PREMIER

COMMENT LE PRIEUR DE NOTRE-DAME DE LA MONTAGNE
ET MADEMOISELLE SA SŒUR RENCONTRÈRENT UN HURON

Un jour saint Dunstan, Irlandais de nation et saint de profession, partit d'Irlande sur une petite montagne qui vogua vers les côtes de France, et arriva par cette voiture à la baie de Saint-Malo. Quand il fut à bord, il donna la bénédiction à sa montagne, qui lui fit de profondes révérences et s'en retourna en Irlande par le même chemin qu'elle était venue.

Dunstan fonda un petit prieuré dans ces quartiers-là, et lui donna le nom de *prieuré de la Montagne*, qu'il porte encore, comme un chacun sait.

En l'année 1689, le 15 juillet au soir, l'abbé de Kerkabon, prieur de Notre-Dame de la Montagne, se promenait sur le bord de la mer avec M^{lle} de Kerkabon, sa sœur, pour prendre le frais. Le prieur, déjà un peu sur l'âge, était un très bon ecclésiastique, aimé de ses voisins, après l'avoir été

autrefois de ses voisines. Ce qui lui avait donné surtout une grande considération, c'est qu'il était le seul bénéficier du pays qu'on ne fût pas obligé de porter dans son lit quand il avait soupé avec ses confrères. Il savait assez honnêtement de théologie ; et, quand il était las de lire saint Augustin, il s'amusait avec Rabelais : aussi tout le monde disait du bien de lui.

M^{lle} de Kerkabon, qui n'avait jamais été mariée, quoiqu'elle eût grande envie de l'être, conservait de la fraîcheur à l'âge de quarante-cinq ans ; son caractère était bon et sensible ; elle aimait le plaisir et était dévote.

Le prieur disait à sa sœur, en regardant la mer : « Hélas ! c'est ici que s'embarqua notre pauvre frère avec notre chère belle-sœur M^{me} de Kerkabon, sa femme, sur la frégate l'*Hirondelle*, en 1669, pour aller servir en Canada. S'il n'avait pas été tué, nous pourrions espérer de le revoir encore. — Croyez-vous, disait M^{lle} de Kerkabon, que notre belle-sœur ait été mangée par les Iroquois, comme on nous l'a dit ? Il est certain que, si elle n'avait pas été mangée, elle serait revenue au pays. Je la pleurerai toute ma vie : c'était une femme charmante ; et notre frère, qui avait beaucoup d'esprit, aurait fait assurément une grande fortune. »

Comme ils s'attendrissaient l'un et l'autre à ce souvenir, ils virent entrer dans la baie de Rance un petit bâtiment qui arrivait avec la marée : c'étaient des Anglais qui venaient vendre quelques denrées de leur pays. Ils sautèrent à terre, sans

regarder monsieur le prieur ni mademoiselle sa sœur, qui fut très choquée du peu d'attention qu'on avait pour elle.

Il n'en fut pas de même d'un jeune homme très bien fait qui s'élança d'un saut par-dessus la tête de ses compagnons, et se trouva vis-à-vis mademoiselle. Il lui fit un signe de tête, n'étant pas dans l'usage de faire la révérence. Sa figure et son ajustement attirèrent les regards du frère et de la sœur. Il était nu-tête et nu-jambes, les pieds chaussés de petites sandales, le chef orné de longs cheveux en tresses, un petit pourpoint qui serrait une taille fine et dégagée ; l'air martial et doux. Il tenait dans sa main une petite bouteille d'eau des Barbades, et dans l'autre une espèce de bourse dans laquelle était un gobelet et de très bon biscuit de mer. Il parlait français fort intelligiblement. Il présenta de son eau des Barbades à M^{lle} de Kerkabon et à monsieur son frère ; il en but avec eux ; il leur en fit reboire encore, et tout cela d'un air si simple et si naturel que le frère et la sœur en furent charmés. Ils lui offrirent leurs services, en lui demandant qui il était et où il allait. Le jeune homme leur répondit qu'il n'en savait rien, qu'il était curieux, qu'il avait voulu voir comment les côtes de France étaient faites, qu'il était venu, et allait s'en retourner.

Monsieur le prieur, jugeant à son accent qu'il n'était pas Anglais, prit la liberté de lui demander de quel pays il était. « Je suis Huron », lui répondit le jeune homme.

M^{lle} de Kerkabon, étonnée et enchantée de voir un Huron qui lui avait fait des politesses, pria le jeune homme à souper; il ne se fit pas prier deux fois et tous trois allèrent de compagnie au prieuré de Notre-Dame de la Montagne.

La courte et ronde demoiselle le regardait de tous ses petits yeux, et disait de temps en temps au prieur: « Ce grand garçon-là a un teint de lis et de rose ! qu'il a une belle peau pour un Huron ! — Vous avez raison, ma sœur », disait le prieur. Elle faisait cent questions coup sur coup, et le voyageur répondait toujours fort juste.

Le bruit se répandit bientôt qu'il y avait un Huron au prieuré. La bonne compagnie du canton s'empressa d'y venir souper. L'abbé de Saint-Yves y vint avec mademoiselle sa sœur, jeune Basse-Brette, fort jolie et très bien élevée. Le bailli, le receveur des tailles et leurs femmes furent du souper. On plaça l'étranger entre M^{lle} de Kerkabon et M^{lle} de Saint-Yves. Tout le monde le regardait avec admiration; tout le monde lui parlait et l'interrogeait à la fois; le Huron ne s'en émouvait pas. Il semblait qu'il eût pris pour sa devise celle de milord Bolingbroke: *Nihil admirari*. Mais à la fin, excédé de tant de bruit, il leur dit avec assez de douceur, mais avec un peu de fermeté : « Messieurs, dans mon pays on parle l'un après l'autre; comment voulez-vous que je vous réponde quand vous m'empêchez de vous entendre? » La raison fait toujours rentrer les hommes en eux-mêmes pour quelques moments. Il se fit un grand silence.

Monsieur le bailli, qui s'emparait toujours des étrangers dans quelque maison qu'il se trouvât, et qui était le plus grand questionneur de la province, lui dit en ouvrant la bouche d'un demi-pied : « Monsieur, comment vous nommez-vous? — On m'a toujours appelé *l'Ingénu*, reprit le Huron, et on m'a confirmé ce nom en Angleterre, parce que je dis toujours naïvement ce que je pense, comme je fais tout ce que je veux. — Comment, étant né Huron, avez-vous pu, Monsieur, venir en Angleterre? — C'est qu'on m'y a mené; j'ai été fait, dans un combat, prisonnier par les Anglais, après m'être assez bien défendu; et les Anglais, qui aiment la bravoure, parce qu'ils sont braves et qu'ils sont aussi honnêtes que nous, m'ayant proposé de me rendre à mes parents ou de venir en Angleterre, j'acceptai le dernier parti, parce que de mon naturel j'aime passionnément à voir du pays. — Mais, Monsieur, dit le bailli avec son ton imposant, comment avez-vous pu abandonner ainsi père et mère? — C'est que je n'ai jamais connu ni père ni mère », dit l'étranger. La compagnie s'attendrit, et tout le monde répétait : *Ni père, ni mère!* « Nous lui en servirons, dit la maîtresse de la maison à son frère le prieur; que ce monsieur le Huron est intéressant! » L'Ingénu la remercia avec une cordialité noble et fière, et lui fit comprendre qu'il n'avait besoin de rien.

« Je m'aperçois, Monsieur l'Ingénu, dit le grave bailli, que vous parlez mieux français qu'il n'appartient à un Huron. — Un Français, dit-il, que

nous avions pris dans ma grande jeunesse en Huronie, et pour qui je conçus beaucoup d'amitié, m'enseigna sa langue ; j'apprends très vite ce que je veux apprendre. J'ai trouvé en arrivant à Plymouth un de vos Français réfugiés que vous appelez *huguenots,* je ne sais pourquoi ; il m'a fait faire quelques progrès dans la connaissance de votre langue ; et, dès que j'ai pu m'exprimer intelligiblement, je suis venu voir votre pays, parce que j'aime assez les Français quand ils ne font pas trop de questions. »

L'abbé de Saint-Yves, malgré ce petit avertissement, lui demanda laquelle des trois langues lui plaisait davantage, la huronne, l'anglaise ou la française. « La huronne, sans contredit, répondit l'Ingénu. — Est-il possible ! s'écria M[lle] de Kerkabon ; j'avais toujours cru que le français était la plus belle de toutes les langues après le bas-breton. »

Alors ce fut à qui demanderait à l'Ingénu comment on disait en huron du tabac, et il répondait *taya ;* comment on disait manger, et il répondait *essenten.* M[lle] de Kerkabon voulut absolument savoir comment on disait faire l'amour ; il lui répondit *trovander*[1], et soutint, non sans apparence de raison, que ces mots-là valaient bien les mots français et anglais qui lui correspondaient. *Trovander* parut très joli à tous les convives.

Monsieur le prieur, qui avait dans sa biblio-

1. Tous ces noms sont en effet hurons.

thèque la grammaire huronne dont le révérend P. Sagar Théodat, récollet, fameux missionnaire, lui avait fait présent, sortit de table un moment pour l'aller consulter. Il revint tout haletant de tendresse et de joie. Il reconnut l'Ingénu pour un vrai Huron. On disputa un peu sur la multiplicité des langues, et on convint que, sans l'aventure de la tour de Babel, toute la terre aurait parlé français.

L'interrogant bailli, qui jusque-là s'était défié un peu du personnage, conçut pour lui un profond respect; il lui parla avec plus de civilité qu'auparavant, de quoi l'Ingénu ne s'aperçut pas.

Mlle de Saint-Yves était fort curieuse de savoir comment on faisait l'amour au pays des Hurons. « En faisant de belles actions, répondit-il, pour plaire aux personnes qui vous ressemblent. » Tous les convives applaudirent avec étonnement. Mlle de Saint-Yves rougit et fut fort aise. Mlle de Kerkabon rougit aussi, mais elle n'était pas si aise; elle fut un peu piquée que la galanterie ne s'adressât pas à elle, mais elle était si bonne personne que son affection pour le Huron n'en fut point du tout altérée. Elle lui demanda, avec beaucoup de bonté, combien il avait eu de maîtresses en Huronie. « Je n'en ai jamais eu qu'une, dit l'Ingénu; c'était Mlle Abacaba, la bonne amie de ma chère nourrice; les joncs ne sont pas plus droits, l'hermine n'est pas plus blanche, les moutons sont moins doux, les aigles moins fiers, et les cerfs ne sont pas si légers que l'était Abacaba. Elle

poursuivait un jour un lièvre dans notre voisinage, environ à cinquante lieues de notre habitation. Un Algonquin mal élevé, qui habitait cent lieues plus loin, vint lui prendre son lièvre; je le sus, j'y courus, je terrassai l'Algonquin d'un coup de massue, je l'amenai au pied de ma maîtresse, pieds et poings liés. Les parents d'Abacaba voulurent le manger, mais je n'eus jamais de goût pour ces sortes de festins; je lui rendis sa liberté, j'en fis un ami. Abacaba fut si touchée de mon procédé qu'elle me préféra à tous ses amants. Elle m'aimerait encore si elle n'avait pas été mangée par un ours. J'ai puni l'ours, j'ai porté longtemps sa peau, mais cela ne m'a pas consolé. »

M{{lle}} de Saint-Yves, à ce récit, sentait un plaisir secret d'apprendre que l'Ingénu n'avait eu qu'une maîtresse, et qu'Abacaba n'était plus; mais elle ne démêlait pas la cause de son plaisir. Tout le monde fixait les yeux sur l'Ingénu; on le louait beaucoup d'avoir empêché ses camarades de manger un Algonquin.

L'impitoyable bailli, qui ne pouvait réprimer sa fureur de questionner, poussa enfin la curiosité jusqu'à s'informer de quelle religion était monsieur le Huron; s'il avait choisi la religion anglicane, ou la gallicane, ou la huguenote. « Je suis de ma religion, disait-il, comme vous de la vôtre. — Hélas! s'écria la Kerkabon, je vois bien que ces malheureux Anglais n'ont pas seulement songé à le baptiser. — Eh! mon Dieu, disait M{{lle}} de Saint-Yves, comment se peut-il que les Hurons ne soient

pas catholiques? Est-ce que les RR. PP. jésuites ne les ont pas tous convertis? » L'Ingénu l'assura que dans son pays on ne convertissait personne ; que jamais un vrai Huron n'avait changé d'opinion, et que même il n'y avait point dans sa langue de terme qui signifiât *inconstance*. Ces derniers mots plurent extrêmement à M^{lle} de Saint-Yves.

« Nous le baptiserons, nous le baptiserons, disait la Kerkabon à monsieur le prieur ; vous en aurez l'honneur, mon cher frère ; je veux absolument être sa marraine ; M. l'abbé de Saint-Yves le présentera sur les fonts : ce sera une cérémonie bien brillante ; il en sera parlé dans toute la Basse-Bretagne, et cela nous fera un honneur infini. » Toute la compagnie seconda la maîtresse de la maison ; tous les convives criaient : « Nous le baptiserons! » L'Ingénu répondit qu'en Angleterre on laissait vivre les gens à leur fantaisie. Il témoigna que la proposition ne lui plaisait point du tout, et que la loi des Hurons valait pour le moins la loi des Bas-Bretons ; enfin il dit qu'il repartait le lendemain. On acheva de vider sa bouteille d'eau des Barbades, et chacun s'alla coucher.

Quand on eut reconduit l'Ingénu dans sa chambre, M^{lle} de Kerkabon et son amie M^{lle} de Saint-Yves ne purent se tenir de regarder par le trou d'une large serrure pour voir comment dormait un Huron. Elles virent qu'il avait étendu la couverture du lit sur le plancher, et qu'il reposait dans la plus belle attitude du monde.

CHAPITRE II

L'INGÉNU, selon sa coutume, s'éveilla avec le soleil, au chant du coq, qu'on appelle en Angleterre et en Huronie *la trompette du jour*. Il n'était pas comme la bonne compagnie qui languit dans un lit oiseux jusqu'à ce que le soleil ait fait la moitié de son tour, qui ne peut ni dormir ni se lever, qui perd tant d'heures précieuses dans cet état mitoyen entre la vie et la mort, et qui se plaint encore que la vie est trop courte.

Il avait déjà fait deux ou trois lieues, il avait tué trente pièces de gibier à la balle seule, lorsqu'en rentrant il trouva monsieur le prieur de Notre-Dame de la Montagne et sa discrète sœur, se promenant en bonnet de nuit dans leur petit jardin. Il leur présenta toute sa chasse, et en tirant de sa chemise une espèce de petit talisman qu'il portait toujours à son cou, il les pria de l'accepter en reconnaissance de leur bonne réception. « C'est ce que j'ai de plus précieux, leur dit-il; on m'a assuré que je serais toujours heureux tant que je porterais ce petit brimborion sur moi et je vous le donne afin que vous soyez toujours heureux. »

Le prieur et mademoiselle sourirent avec attendrissement de la naïveté de l'Ingénu. Ce présent consistait en deux petits portraits assez mal faits,

attachés ensemble avec une courroie fort grasse.

M^lle de Kerkabon lui demanda s'il y avait des peintres en Huronie. « Non, dit l'Ingénu, cette rareté me vient de ma nourrice ; son mari l'avait eue par conquête, en dépouillant quelques Français du Canada qui nous avaient fait la guerre ; c'est tout ce que j'en ai su. »

Le prieur regardait attentivement ces portraits ; il changea de couleur, il s'émut, ses mains tremblèrent. « Par Notre-Dame de la Montagne, s'écria-t-il, je crois que voilà le visage de mon frère le capitaine et de sa femme ! » Mademoiselle, après les avoir considérés avec la même émotion, en jugea de même. Tous deux étaient saisis d'étonnement et d'une joie mêlée de douleur ; tous d'eux s'attendrissaient ; tous deux pleuraient ; leur cœur palpitait ; ils poussaient des cris ; ils s'arrachaient les portraits ; chacun d'eux les prenait et les rendait vingt fois en une seconde ; ils dévoraient des yeux les portraits et le Huron ; ils lui demandaient l'un après l'autre, et tous deux à la fois, en quel lieu, en quel temps, comment ces miniatures étaient tombées entre les mains de sa nourrice ; ils rapprochaient, ils comptaient les temps depuis le départ du capitaine ; ils se souvenaient d'avoir eu nouvelle qu'il avait été jusqu'au pays des Hurons, et que depuis ce temps ils n'en avaient jamais entendu parler.

L'Ingénu leur avait dit qu'il n'avait connu ni père ni mère. Le prieur, qui était un homme de sens, remarqua que l'Ingénu avait un peu de barbe ;

il savait très bien que les Hurons n'en ont point.
« Son menton est cotonné, il est donc fils d'un
homme d'Europe. Mon frère et ma belle-sœur ne
parurent plus après l'expédition contre les Hurons,
en 1669; mon neveu devait alors être à la ma-
melle; la nourrice huronne lui a sauvé la vie et lui
a servi de mère. » Enfin, après cent questions et
cent réponses, le prieur et sa sœur conclurent que
le Huron était leur propre neveu. Ils l'embras-
saient en versant des larmes; et l'Ingénu riait, ne
pouvant s'imaginer qu'un Huron fût neveu d'un
prieur bas-breton.

Toute la compagnie descendit; M. de Saint-
Yves, qui était grand physionomiste, compara les
deux portraits avec le visage de l'Ingénu; il fit
très habilement remarquer qu'il avait les yeux de
sa mère, le front et le nez de feu M. le capitaine
de Kerkabon, et des joues qui tenaient de l'un et
de l'autre.

M^{lle} de Saint-Yves, qui n'avait jamais vu le père
ni la mère, assura que l'Ingénu leur ressemblait
parfaitement. Ils admiraient tous la Providence
et l'enchaînement des événements de ce monde.
Enfin, on était si persuadé, si convaincu de la
naissance de l'Ingénu, qu'il consentit lui-même à
être neveu de monsieur le prieur, en disant qu'il
aimait autant l'avoir pour son oncle qu'un autre.

On alla rendre grâce à Dieu dans l'église de
Notre-Dame de la Montagne, tandis que le Huron,
d'un air indifférent, s'amusait à boire dans la
maison.

Les Anglais qui l'avaient amené, et qui étaient prêts à mettre à la voile, vinrent lui dire qu'il était temps de partir. « Apparemment, leur dit-il, que vous n'avez pas retrouvé vos oncles et vos tantes : je reste ici; retournez à Plymouth, je vous donne toutes mes hardes. Je n'ai plus besoin de rien au monde, puisque je suis le neveu d'un prieur. » Les Anglais mirent à la voile, en se souciant fort peu que l'Ingénu eût des parents ou non en Basse-Bretagne.

Après que l'oncle, la tante et la compagnie eurent chanté le *Te Deum*; après que le bailli eut encore accablé l'Ingénu de questions; après qu'on eut épuisé tout ce que l'étonnement, la joie, la tendresse, peuvent faire dire, le prieur de la Montagne et l'abbé de Saint-Yves conclurent à faire baptiser l'Ingénu au plus vite. Mais il n'en était pas d'un grand Huron de vingt-deux ans comme d'un enfant qu'on régénère sans qu'il en sache rien. Il fallait l'instruire, et cela paraissait difficile : car l'abbé de Saint-Yves supposait qu'un homme qui n'était pas né en France n'avait pas le sens commun.

Le prieur fit observer à la compagnie que, si en effet monsieur l'Ingénu, son neveu, n'avait pas eu le bonheur de naître en Basse-Bretagne, il n'en avait pas moins d'esprit; qu'on en pouvait juger par toutes ses réponses, et que sûrement la nature l'avait beaucoup favorisé, tant du côté paternel que du maternel.

On lui demanda d'abord s'il avait jamais lu

quelque livre. Il dit qu'il avait lu Rabelais traduit en anglais, et quelques morceaux de Shakespeare qu'il savait par cœur ; qu'il avait trouvé ces livres chez le capitaine du vaisseau qui l'avait amené de l'Amérique à Plymouth, et qu'il en était fort content. Le bailli ne manqua pas de l'interroger sur ces livres. « Je vous avoue, dit l'Ingénu, que j'ai cru en deviner quelque chose, et que je n'ai pas entendu le reste. »

L'abbé de Saint-Yves, à ce discours, fit réflexion que c'était ainsi que lui-même avait toujours lu, et que la plupart des hommes ne lisaient guère autrement. « Vous avez sans doute lu la Bible? dit-il au Huron. — Point du tout, Monsieur l'abbé ; elle n'était pas parmi les livres de mon capitaine ; je n'en ai jamais entendu parler. — Voilà comme sont ces maudits Anglais, criait Mlle de Kerkabon ; ils feront plus de cas d'une pièce de Shakespeare, d'un plum-pudding et d'une bouteille de rhum que du Pentateuque. Aussi n'ont-ils jamais converti personne en Amérique. Certainement ils sont maudits de Dieu ; et nous leur prendrons la Jamaïque et la Virginie avant qu'il soit peu de temps. »

Quoi qu'il en soit, on fit venir le plus habile tailleur de Saint-Malo pour habiller l'Ingénu de pied en cap. La compagnie se sépara ; le bailli alla faire ses questions ailleurs. Mlle de Saint-Yves, en partant, se retourna plusieurs fois pour regarder l'Ingénu ; et il lui fit des révérences plus profondes qu'il n'en avait jamais fait à personne en sa vie.

Le bailli, avant de prendre congé, présenta
à M^{lle} de Saint-Yves un grand nigaud de fils
qui sortait du collège ; mais à peine le regarda-
t-elle, tant elle était occupée de la politesse du
Huron.

CHAPITRE III

MONSIEUR le prieur, voyant qu'il était un peu sur l'âge, et que Dieu lui envoyait un neveu pour sa consolation, se mit en tête qu'il pourrait lui résigner son bénéfice s'il réussissait à le baptiser et à le faire entrer dans les ordres.

L'Ingénu avait une mémoire excellente. La fermeté des organes de Basse-Bretagne, fortifiée par le climat du Canada, avait rendu sa tête si vigoureuse que, quand on frappait dessus, à peine le sentait-il, et, quand on gravait dedans, rien ne s'effaçait ; il n'avait jamais rien oublié. Sa conception était d'autant plus vive et plus nette que, son enfance n'ayant point été chargée des inutilités et des sottises qui accablent la nôtre, les choses entraient dans sa cervelle sans nuage. Le prieur résolut enfin de lui faire lire le Nouveau Testament. L'Ingénu le dévora avec beaucoup de plaisir ; mais, ne sachant ni dans quel temps ni dans quel pays toutes les aventures rapportées dans ce livre étaient arrivées, il ne douta point que le lieu de la scène ne fût en Basse-Bretagne, et il jura qu'il couperait le nez et les oreilles à Caïphe et à Pilate si jamais il rencontrait ces marauds-là.

Son oncle, charmé de ces bonnes dispositions, le mit au fait en peu de temps ; il loua son zèle ; mais il lui apprit que ce zèle était inutile, attendu

que ces gens-là étaient morts il y avait environ seize cent quatre-vingt-dix années. L'Ingénu sut bientôt presque tout le livre par cœur. Il proposait quelquefois des difficultés qui mettaient le prieur fort en peine. Il était obligé souvent de consulter l'abbé de Saint-Yves qui, ne sachant que répondre, fit venir un jésuite bas-breton pour achever la conversion du Huron.

Enfin la grâce opéra ; l'Ingénu promit de se faire chrétien ; il ne douta pas qu'il ne dût commencer par être circoncis : « Car, disait-il, je ne vois pas dans le livre qu'on m'a fait lire un seul personnage qui ne l'ait été ; il est donc évident que je dois faire le sacrifice de mon prépuce : le plus tôt c'est le mieux. » Il ne délibéra point. Il envoya chercher le chirurgien du village et le pria de lui faire l'opération, comptant réjouir infiniment M^{lle} de Kerkabon et toute la compagnie quand une fois la chose serait faite. Le frater, qui n'avait point encore fait cette opération, en avertit la famille, qui jeta les hauts cris. La bonne Kerkabon trembla que son neveu, qui paraissait résolu et expéditif, ne se fît lui-même l'opération très maladroitement, et qu'il n'en résultât de tristes effets auxquels les dames s'intéressent toujours par bonté d'âme.

Le prieur redressa les idées du Huron ; il lui remontra que la circoncision n'était plus de mode ; que le baptême était beaucoup plus doux et plus salutaire ; que la loi de grâce n'était pas comme la loi de rigueur. L'Ingénu, qui avait beaucoup de

bon sens et de droiture, disputa, mais reconnut son erreur, ce qui est assez rare en Europe aux gens qui disputent ; enfin il promit de se faire baptiser quand on voudrait.

Il fallait auparavant se confesser, et c'était là le plus difficile. L'Ingénu avait toujours en poche le livre que son oncle lui avait donné. Il n'y trouvait pas qu'un seul apôtre se fût confessé, et cela le rendait très rétif. Le prieur lui ferma la bouche en lui montrant, dans l'épître de saint Jacques le Mineur, ces mots qui font tant de peine aux hérétiques : *Confessez vos péchés les uns aux autres*. Le Huron se tut, et se confessa à un récollet. Quand il eut fini, il tira le récollet du confessionnal, et, saisissant son homme d'un bras vigoureux, il se mit à sa place et le fit mettre à genoux devant lui : « Allons, mon ami, il est dit : *Confessez-vous les uns aux autres*; je t'ai conté mes péchés, tu ne sortiras pas d'ici que tu ne m'aies conté les tiens. » En parlant ainsi, il appuyait son large genou contre la poitrine de son adverse partie. Le récollet pousse des hurlements qui font retentir l'église. On accourt au bruit, on voit le catéchumène qui gourmait le moine au nom de saint Jacques le Mineur. La joie de baptiser un Bas-Breton huron et anglais était si grande qu'on passa par-dessus ces singularités. Il y eut même beaucoup de théologiens qui pensèrent que la confession n'était pas nécessaire, puisque le baptême tenait lieu de tout.

On prit jour avec l'évêque de Saint-Malo, qui,

flatté, comme on le peut croire, de baptiser un Huron, arriva dans un pompeux équipage, suivi de son clergé. M^{lle} de Saint-Yves, en bénissant Dieu, mit sa plus belle robe et fit venir une coiffeuse de Saint-Malo, pour briller à la cérémonie. L'interrogant bailli accourut avec toute la contrée. L'église était magnifiquement parée ; mais, quand il fallut prendre le Huron pour le mener aux fonts baptismaux, on ne le trouva point.

L'oncle et la tante le cherchèrent partout. On crut qu'il était à la chasse, selon sa coutume. Tous les conviés à la fête parcoururent les bois et les villages voisins : point de nouvelles du Huron.

On commencait à craindre qu'il ne fût retourné en Angleterre. On se souvenait de lui avoir entendu dire qu'il aimait fort ce pays-là. Monsieur le prieur et sa sœur étaient persuadés qu'on n'y baptisait personne, et tremblaient pour l'âme de leur neveu. L'évêque était confondu et prêt à s'en retourner ; le prieur et l'abbé de Saint-Yves se désespéraient ; le bailli interrogeait tous les passants avec sa gravité ordinaire ; M^{lle} de Kerkabon pleurait ; M^{lle} de Saint-Yves ne pleurait pas, mais elle poussait de profonds soupirs qui semblaient témoigner son goût pour les sacrements. Elles se promenaient tristement le long des saules et des roseaux qui bordent la petite rivière de Rance, lorsqu'elles aperçurent au milieu de la rivière une grande figure assez blanche, les deux mains croisées sur la poitrine. Elles jetèrent un grand cri

et se détournèrent. Mais, la curiosité l'emportant bientôt sur toute autre considération, elles se coulèrent doucement entre les roseaux, et, quand elles furent bien sûres de n'être point vues, elles voulurent voir de quoi il s'agissait.

CHAPITRE IV

LE prieur et l'abbé, étant accourus, deman-
dèrent à l'Ingénu ce qu'il faisait là. « Eh par-
bleu ! Messieurs, j'attends le baptême. Il y a une
heure que je suis dans l'eau jusqu'au cou, et il n'est
pas honnête de me laisser morfondre. — Mon cher
neveu, lui dit tendrement le prieur, ce n'est pas
ainsi qu'on baptise en Basse-Bretagne ; reprenez
vos habits et venez avec nous. » M^{lle} de Saint-
Yves, en entendant ce discours, disait tout bas à
sa compagne : « Mademoiselle, croyez-vous qu'il
reprenne sitôt ses habits ? »

Le Huron cependant repartit au prieur : « Vous
ne m'en ferez pas accroire cette fois-ci comme
l'autre ; j'ai bien étudié depuis ce temps-là, et je
suis très certain qu'on ne se baptise pas autrement.
L'eunuque de la reine Candace fut baptisé dans
un ruisseau ; je vous défie de me montrer dans le
livre que vous m'avez donné qu'on s'y soit jamais
pris d'une autre façon. Je ne serai point baptisé
du tout, ou je le serai dans la rivière. » On eut
beau lui remontrer que les usages avaient changé :
l'Ingénu était têtu, car il était Breton et Huron.
Il revenait toujours à l'eunuque de la reine Can-
dace ; et, quoique mademoiselle sa tante et M^{lle} de
Saint-Yves, qui l'avaient observé entre les saules,
fussent en droit de lui dire qu'il ne lui appartenait

pas de citer un pareil homme, elles n'en firent pourtant rien, tant était grande leur discrétion. L'évêque vint lui-même lui parler, ce qui est beaucoup ; mais il ne gagna rien : le Huron disputa contre l'évêque.

« Montrez-moi, lui dit-il, dans le livre que m'a donné mon oncle, un seul homme qui n'ait pas été baptisé dans la rivière, et je ferai tout ce que vous voudrez. »

La tante, désespérée, avait remarqué que, la première fois que son neveu avait fait la révérence, il en avait fait une plus profonde à M^{lle} de Saint-Yves qu'à aucune autre personne de la compagnie ; qu'il n'avait pas même salué monsieur l'évêque avec ce respect mêlé de cordialité qu'il avait témoigné à cette belle demoiselle. Elle prit le parti de s'adresser à elle dans ce grand embarras ; elle la pria d'interposer son crédit pour engager le Huron à se faire baptiser de la même manière que les Bretons, ne croyant pas que son neveu pût jamais être chrétien s'il persistait à vouloir être baptisé dans l'eau courante.

M^{lle} de Saint-Yves rougit du plaisir secret qu'elle sentait d'être chargée d'une si importante commission. Elle s'approcha modestement de l'Ingénu, et, lui serrant la main d'une manière tout à fait noble : « Est-ce que vous ne ferez rien pour moi ? » lui dit-elle ; et, en prononçant ces mots, elle baissait les yeux et les relevait avec une grâce attendrissante. « Ah ! tout ce que vous voudrez, Mademoiselle, tout ce que vous me commanderez :

baptême d'eau, baptême de feu, baptême de sang, il n'y a rien que je vous refuse. » M^lle de Saint-Yves eut la gloire de faire en deux paroles ce que ni les empressements du prieur, ni les interrogations réitérées du bailli, ni les raisonnements même de monsieur l'évêque, n'avaient pu faire. Elle sentit son triomphe ; mais elle n'en sentait pas encore toute l'étendue.

Le baptême fut administré et reçu avec toute la décence, toute la magnificence, tout l'agrément possibles. L'oncle et la tante cédèrent à M. l'abbé de Saint-Yves et à sa sœur l'honneur de tenir l'Ingénu sur les fonts. M^lle de Saint-Yves rayonnait de joie de se voir marraine. Elle ne savait pas à quoi ce grand titre l'asservissait ; elle accepta cet honneur sans en connaître les fatales conséquences.

Comme il n'y a jamais eu de cérémonie qui ne fût suivie d'un grand dîner, on se mit à table au sortir du baptême. Les goguenards de Basse-Bretagne dirent qu'il ne fallait pas baptiser son vin. Monsieur le prieur disait que le vin, selon Salomon, réjouit le cœur de l'homme. Monsieur l'évêque ajoutait que le patriarche Juda devait lier son ânon à la vigne, et tremper son manteau dans le sang du raisin, et qu'il était bien triste qu'on n'en pût faire autant en Basse-Bretagne, à laquelle Dieu a dénié les vignes. Chacun tâchait de dire un bon mot sur le baptême de l'Ingénu, et des galanteries à la marraine. Le bailli, toujours interrogant, demandait au Huron s'il serait fidèle à

ses promesses. « Comment voulez-vous que je manque à mes promesses, répondit le Huron, puisque je les ai faites entre les mains de M^lle de Saint-Yves? »

Le Huron s'échauffa; il but beaucoup à la santé de sa marraine. « Si j'avais été baptisé de votre main, dit-il, je sens que l'eau froide qu'on m'a versée sur le chignon m'aurait brûlé. » Le bailli trouva cela trop poétique, ne sachant pas combien l'allégorie est familière au Canada. Mais la marraine en fut extrêmement contente.

On avait donné le nom d'Hercule au baptisé. L'évêque de Saint-Malo demandait toujours quel était ce patron dont il n'avait jamais entendu parler. Le jésuite, qui était fort savant, lui dit que c'était un saint qui avait fait douze miracles. Il y en avait un treizième qui valait les douze autres, mais dont il ne convenait pas à un jésuite de parler : c'était celui d'avoir changé cinquante filles en femmes en une seule nuit. Un plaisant qui se trouva là releva ce miracle avec énergie. Toutes les dames baissèrent les yeux, et jugèrent à la physionomie de l'Ingénu qu'il était digne du saint dont il portait le nom.

CHAPITRE V

IL faut avouer que depuis ce baptême et ce dîner, M^{lle} de Saint-Yves souhaita passionnément que monsieur l'évêque la fît encore participante de quelque beau sacrement avec M. Hercule l'Ingénu. Cependant, comme elle était bien élevée et fort modeste, elle n'osait convenir tout à fait avec elle-même de ses tendres sentiments ; mais, s'il lui échappait un regard, un mot, un geste, une pensée, elle enveloppait tout cela d'un voile de pudeur infiniment aimable. Elle était tendre, vive et sage.

Dès que monsieur l'évêque fut parti, l'Ingénu et M^{lle} de Saint-Yves se rencontrèrent sans avoir fait réflexion qu'ils se cherchaient. Ils se parlèrent sans avoir imaginé ce qu'ils se diraient. L'Ingénu lui dit d'abord qu'il l'aimait de tout son cœur, et que la belle Abacaba, dont il avait été fou dans son pays, n'approchait pas d'elle. Mademoiselle lui répondit, avec sa modestie ordinaire, qu'il fallait en parler au plus vite à monsieur le prieur son oncle et à mademoiselle sa tante, et que de son côté elle en dirait deux mots à son cher frère l'abbé de Saint-Yves, et qu'elle se flattait d'un consentement commun.

L'Ingénu lui répond qu'il n'avait besoin du consentement de personne ; qu'il lui paraissait extrêmement ridicule d'aller demander à d'autres ce

qu'on devait faire ; que, quand deux parties sont d'accord, on n'a pas besoin d'un tiers pour les accommoder. « Je ne consulte personne, dit-il, quand j'ai envie de déjeuner, ou de chasser, ou de dormir. Je sais bien qu'en amour il n'est pas mal d'avoir le consentement de la personne à qui on en veut ; mais, comme ce n'est ni de mon oncle ni de ma tante que je suis amoureux, ce n'est pas à eux que je dois m'adresser dans cette affaire, et, si vous m'en croyez, vous vous passerez aussi de M. l'abbé de Saint-Yves. »

On peut juger que la belle Bretonne employa toute la délicatesse de son esprit à réduire son Huron aux termes de la bienséance. Elle se fâcha même, et bientôt se radoucit. Enfin on ne sait comment aurait fini cette conversation, si, le jour baissant, monsieur l'abbé n'avait ramené sa sœur à son abbaye. L'Ingénu laissa coucher son oncle et sa tante, qui étaient un peu fatigués de la cérémonie et de leur long dîner. Il passa une partie de la nuit à faire des vers en langue huronne pour sa bien-aimée : car il faut savoir qu'il n'y a aucun pays de la terre où l'amour n'ait rendu les amants poètes.

Le lendemain, son oncle lui parla ainsi après le déjeuner, en présence de M^{lle} de Kerkabon, qui était tout attendrie : « Le Ciel soit loué de ce que vous avez l'honneur, mon cher neveu, d'être chrétien et Bas-Breton ! Mais cela ne suffit pas ; je suis un peu sur l'âge ; mon frère n'a laissé qu'un petit coin de terre qui est très peu de chose ; j'ai un

bon prieuré : si vous voulez seulement vous faire sous-diacre, comme je l'espère, je vous résignerai mon prieuré, et vous vivrez fort à votre aise, après avoir été la consolation de ma vieillesse. »

L'Ingénu répondit : « Mon oncle, grand bien vous fasse ! vivez tant que vous pourrez. Je ne sais pas ce que c'est que d'être sous-diacre ni que de résigner ; mais tout me sera bon pourvu que j'aie M^{lle} de Saint-Yves à ma disposition. — Eh ! mon Dieu ! mon neveu, que me dites-vous là ! Vous aimez donc cette belle demoiselle à la folie? — Oui, mon oncle. — Hélas! mon neveu, il est impossible que vous l'épousiez. — Cela est très possible, mon oncle : car non seulement elle m'a serré la main en me quittant, mais elle m'a promis qu'elle me demanderait en mariage ; et assurément je l'épouserai. — Cela est impossible, vous dis-je ; elle est votre marraine : c'est un péché épouvantable à une marraine de serrer la main de son filleul ; il n'est pas permis d'épouser sa marraine ; les lois divines et humaines s'y opposent. — Morbleu ! mon oncle, vous vous moquez de moi ; pourquoi serait-il défendu d'épouser sa marraine, quand elle est jeune et jolie? Je n'ai point vu dans le livre que vous m'avez donné qu'il fût mal d'épouser les filles qui ont aidé les gens à être baptisés. Je m'aperçois tous les jours qu'on fait ici une infinité de choses qui ne sont point dans votre livre, et qu'on n'y fait rien de tout ce qu'il dit ; je vous avoue que cela m'étonne et me fâche. Si on me prive de la belle Saint-Yves, sous prétexte de

mon baptême, je vous avertis que je l'enlève et que je me débaptise. »

Le prieur fut confondu ; sa sœur pleura. « Mon cher frère, dit-elle, il ne faut pas que notre neveu se damne ; notre saint-père le pape peut lui donner dispense, et alors il pourra être chrétiennement heureux avec ce qu'il aime. » L'Ingénu embrassa sa tante. « Quel est donc, dit-il, cet homme charmant qui favorise avec tant de bonté les garçons et les filles dans leurs amours ? Je veux lui aller parler tout à l'heure. »

On lui expliqua ce que c'était que le pape, et l'Ingénu fut encore plus étonné qu'auparavant. « Il n'y a pas un mot de tout cela dans votre livre, mon cher oncle ; j'ai voyagé, je connais la mer ; nous sommes ici sur la côte de l'Océan, et je quitterais M^{lle} de Saint-Yves pour aller demander la permission de l'aimer à un homme qui demeure vers la Méditerranée, à quatre cents lieues d'ici, et dont je n'entends point la langue ! Cela est d'un ridicule incompréhensible. Je vais sur-le-champ chez M. l'abbé de Saint-Yves, qui ne demeure qu'à une lieue de vous, et je vous réponds que j'épouserai ma maîtresse dans la journée. »

Comme il parlait encore, entra le bailli, qui, selon sa coutume, lui demanda où il allait. « Je vais me marier », dit l'Ingénu en courant ; et au bout d'un quart d'heure, il était déjà chez sa belle et chère Basse-Brette, qui dormait encore. « Ah ! mon frère ! disait M^{lle} de Kerkabon au prieur,

jamais vous ne ferez un sous-diacre de notre neveu. »

Le bailli fut très mécontent de ce voyage : car il prétendait que son fils épousât la Saint-Yves ; et ce fils était encore plus sot et plus insupportable que son père.

CHAPITRE VI

L'INGÉNU COURT CHEZ SA MAITRESSE
ET DEVIENT FURIEUX

A peine l'Ingénu était arrivé, qu'ayant demandé
à une vieille servante où était la chambre de
sa maîtresse, il avait poussé fortement la porte
mal fermée et s'était élancé vers le lit. M^{lle} de Saint-
Yves, se réveillant en sursaut, s'était écriée :
« Quoi ! c'est vous ! ah ! c'est vous ! arrêtez-vous,
que faites-vous ? » Il avait répondu : « Je vous
épouse » ; et en effet il l'épousait, si elle ne s'était
pas débattue avec toute l'honnêteté d'une personne
qui a de l'éducation.

L'Ingénu n'entendait pas raillerie ; il trouvait
toutes ces façons-là extrêmement impertinentes.
« Ce n'était pas ainsi qu'en usait M^{lle} Abacaba,
ma première maîtresse ; vous n'avez point de pro-
bité ; vous m'avez promis mariage, et vous ne vou-
lez point faire mariage : c'est manquer aux pre-
mières lois de l'honneur ; je vous apprendrai à
tenir votre parole, et je vous remettrai dans le
chemin de la vertu. »

L'Ingénu possédait une vertu mâle et intrépide,
digne de son patron Hercule, dont on lui avait
donné le nom à son baptême ; il allait l'exercer dans
toute son étendue, lorsqu'aux cris perçants de la
demoiselle plus discrètement vertueuse accourut
le sage abbé de Saint-Yves, avec sa gouvernante,

un vieux domestique dévot et un prêtre de la paroisse. Cette vue modéra le courage de l'assaillant. « Eh ! mon Dieu ! mon cher voisin, lui dit l'abbé, que faites-vous là ? — Mon devoir, répliqua le jeune homme : je remplis mes promesses, qui sont sacrées. »

M^{lle} de Saint-Yves se rajusta en rougissant. On emmena l'Ingénu dans un autre appartement. L'abbé lui remontra l'énormité du procédé. L'Ingénu se défendit sur les privilèges de la loi naturelle, qu'il connaissait parfaitement. L'abbé voulut prouver que la loi positive devait avoir tout l'avantage, et que, sans les conventions faites entre les hommes, la loi de nature ne serait presque jamais qu'un brigandage naturel. « Il faut, lui disait-il, des notaires, des prêtres, des témoins, des contrats, des dispenses. » L'Ingénu lui répondit par la réflexion que les sauvages ont toujours faite : « Vous êtes donc de bien malhonnêtes gens, puisqu'il faut entre vous tant de précautions. »

L'abbé eut de la peine à résoudre cette difficulté. « Il y a, dit-il, je l'avoue, beaucoup d'inconstants et de fripons parmi nous, et il y en aurait autant chez les Hurons s'ils étaient rassemblés dans une grande ville ; mais aussi il y a des âmes sages, honnêtes, éclairées, et ce sont ces hommes-là qui ont fait les lois. Plus on est homme de bien, plus on doit s'y soumettre : on donne l'exemple aux vicieux, qui respectent un frein que la vertu s'est donné elle-même. »

Cette réponse frappa l'Ingénu. On a déjà

remarqué qu'il avait l'esprit juste. On l'adoucit par des paroles flatteuses ; on lui donna des espérances : ce sont les deux pièges où les hommes des deux hémisphères se prennent ; on lui présenta même M^lle de Saint-Yves, quand elle eut fait sa toilette. Tout se passa avec la plus grande bienséance ; mais, malgré cette décence, les yeux étincelants de l'Ingénu Hercule firent toujours baisser ceux de sa maîtresse et trembler la compagnie.

On eut une peine extrême à le renvoyer chez ses parents. Il fallut encore employer le crédit de la belle Saint-Yves ; plus elle sentait son pouvoir sur lui, et plus elle l'aimait. Elle le fit partir, et en fut très affligée ; enfin, quand il fut parti, l'abbé, qui non seulement était le frère très aîné de M^lle de Saint-Yves, mais qui était aussi son tuteur, prit le parti de soustraire sa pupille aux empressements de cet amant terrible. Il alla consulter le bailli, qui, destinant toujours son fils à la sœur de l'abbé, lui conseilla de mettre la pauvre fille dans une communauté. Ce fut un coup terrible : une indifférente qu'on mettrait en couvent jetterait les hauts cris ; mais une amante, et une amante aussi sage que tendre ! c'était de quoi la mettre au désespoir.

L'Ingénu, de retour chez le prieur, raconta tout avec sa naïveté ordinaire. Il essuya les mêmes remontrances, qui firent quelque effet sur son esprit, et aucun sur ses sens ; mais le lendemain, quand il voulut retourner chez sa belle maîtresse, pour raisonner avec elle sur la loi naturelle et sur

la loi de convention, monsieur le bailli lui apprit
avec une joie insultante qu'elle était dans un cou-
vent. « Eh bien ! dit-il, j'irai raisonner dans ce
couvent. — Cela ne se peut », dit le bailli. Il lui
expliqua fort au long ce que c'était qu'un couvent
ou un convent ; que ce mot venait du latin *conventus*,
qui signifie assemblée ; et le Huron ne pouvait
comprendre pourquoi il ne pouvait pas être admis
dans l'assemblée. Sitôt qu'il fut instruit que cette
assemblée était une espèce de prison où l'on tenait
les filles renfermées, chose horrible, inconnue
chez les Hurons et chez les Anglais, il devint
aussi furieux que le fut son patron Hercule lors-
que Euryte, roi d'Œchalie, non moins cruel que
l'abbé de Saint-Yves, lui refusa la belle Iole sa
fille, non moins belle que la sœur de l'abbé. Il
voulait aller mettre le feu au couvent, enlever
sa maîtresse, ou se brûler avec elle. M^{lle} de Ker-
kabon, épouvantée, renonçait plus que jamais à
toutes les espérances de voir son neveu sous-
diacre, et disait en pleurant qu'il avait le diable
au corps depuis qu'il était baptisé.

CHAPITRE VII

L'INGÉNU REPOUSSE LES ANGLAIS

L'INGÉNU, plongé dans une sombre et profonde mélancolie, se promena vers le bord de la mer, son fusil à deux coups sur l'épaule, son grand coutelas au côté, tirant de temps en temps sur quelques oiseaux, et souvent tenté de tirer sur lui-même ; mais il aimait encore la vie, à cause de M^{lle} de Saint-Yves. Tantôt il maudissait son oncle, sa tante, et toute la Basse-Bretagne, et son baptême ; tantôt il les bénissait, puisqu'ils lui avaient fait connaître celle qu'il aimait. Il prenait sa résolution d'aller brûler le couvent, et il s'arrêtait tout court, de peur de brûler sa maîtresse. Les flots de la Manche ne sont pas plus agités par les vents d'est et d'ouest que son cœur l'était par tant de mouvements contraires.

Il marchait à grands pas, sans savoir où, lorsqu'il entendit le son du tambour. Il vit de loin tout un peuple dont une moitié courait au rivage, et l'autre s'enfuyait.

Mille cris s'élèvent de tous côtés ; la curiosité et le courage le précipitent à l'instant vers l'endroit d'où partaient ces clameurs ; il y vole en quatre bonds. Le commandant de la milice, qui avait soupé avec lui chez le prieur, le reconnut aussitôt ; il court à lui, les bras ouverts : « Ah ! c'est l'Ingénu ! il combattra pour nous. » Et les

milices, qui mouraient de peur, se rassurèrent et crièrent aussi : « C'est l'Ingénu ! c'est l'Ingénu !

— Messieurs, dit-il, de quoi s'agit-il ? Pourquoi êtes-vous si effarés ? A-t-on mis vos maîtresses dans des couvents ? » Alors cent voix confuses s'écrient : « Ne voyez-vous pas les Anglais qui abordent ? — Eh bien ! répliqua le Huron, ce sont de braves gens ; ils ne m'ont jamais proposé de me faire sous-diacre ; ils ne m'ont point enlevé ma maîtresse. »

Le commandant lui fit entendre que les Anglais venaient piller l'abbaye de la Montagne, boire le vin de son oncle, et peut-être enlever M^{lle} de Saint-Yves ; que le petit vaisseau sur lequel il avait abordé en Bretagne n'était venu que pour reconnaître la côte ; qu'ils faisaient des actes d'hostilité sans avoir déclaré la guerre au roi de France, et que la province était exposée. « Ah ! si cela est, ils violent la loi naturelle ; laissez-moi faire ; j'ai demeuré longtemps parmi eux, je sais leur langue, je leur parlerai ; je ne crois pas qu'ils puissent avoir un si méchant dessein. »

Pendant cette conversation, l'escadre anglaise approchait ; voilà le Huron qui court vers elle, se jette dans un petit bateau, arrive, monte au vaisseau amiral, et demande s'il est vrai qu'ils viennent ravager le pays sans avoir déclaré la guerre honnêtement. L'amiral et tout son bord firent de grands éclats de rire, lui firent boire du punch, et le renvoyèrent.

L'Ingénu, piqué, ne songea plus qu'à se bien

battre contre ses anciens amis pour ses compatriotes et pour monsieur le prieur. Les gentilshommes du voisinage accouraient de toutes parts :
il se joint à eux ; on avait quelques canons ; il les
charge, il les pointe, il les tire l'un après l'autre.
Les Anglais débarquent ; il court à eux, il en tue
trois de sa main, il blesse même l'amiral qui s'était
moqué de lui. Sa valeur anime le courage de
toute la milice ; les Anglais se rembarquent, et
toute la côte retentissait des cris de victoire :
« Vive le roi ! vive l'Ingénu ! » Chacun l'embrassait, chacun s'empressait d'étancher le sang de
quelques blessures légères qu'il avait reçues. « Ah !
disait-il, si M^{lle} de Saint-Yves était là, elle me
mettrait une compresse. »

Le bailli, qui s'était caché dans sa cave pendant
le combat, vint lui faire compliment comme les
autres. Mais il fut bien surpris quand il entendit
Hercule l'Ingénu dire à une douzaine de jeunes
gens de bonne volonté, dont il était entouré :
« Mes amis, ce n'est rien d'avoir délivré l'abbaye
de la Montagne ; il faut délivrer une fille. » Toute
cette bouillante jeunesse prit feu à ces seules
paroles. On le suivait déjà en foule, on courait au
couvent. Si le bailli n'avait pas sur-le-champ
averti le commandant, si on n'avait pas couru
après la troupe joyeuse, c'en était fait. On ramena
l'Ingénu chez son oncle et sa tante, qui le baignèrent de larmes de tendresse.

« Je vois bien que vous ne serez jamais ni sous-
diacre, ni prieur, lui dit l'oncle ; vous serez un

officier encore plus brave que mon frère le capitaine, et probablement aussi gueux. » Et M^{lle} de Kerkabon pleurait toujours en l'embrassant, et en disant : « Il se fera tuer comme mon frère ; il vaudrait bien mieux qu'il fût sous-diacre. »

L'Ingénu, dans le combat, avait ramassé une grosse bourse remplie de guinées, que probablement l'amiral avait laissée tomber. Il ne douta pas qu'avec cette bourse il ne pût acheter toute la Basse-Bretagne, et surtout faire M^{lle} de Saint-Yves grande dame. Chacun l'exhorta de faire le voyage de Versailles pour y recevoir le prix de ses services. Le commandant, les principaux officiers, le comblèrent de certificats. L'oncle et la tante approuvèrent le voyage du neveu. Il devait être, sans difficulté, présenté au roi : cela seul lui donnerait un prodigieux relief dans la province. Ces deux bonnes gens ajoutèrent à la bourse anglaise un présent considérable de leurs épargnes. L'Ingénu disait en lui-même : « Quand je verrai le roi, je lui demanderai M^{lle} de Saint-Yves en mariage, et certainement il ne me refusera pas. » Il partit donc aux acclamations de tout le canton, étouffé d'embrassements, baigné des larmes de sa tante, béni par son oncle, et se recommandant à la belle Saint-Yves.

CHAPITRE VIII

L'Ingénu prit le chemin de Saumur par le coche, parce qu'il n'y avait point alors d'autre commodité. Quand il fut à Saumur, il s'étonna de trouver la ville presque déserte, et de voir plusieurs familles qui déménageaient. On lui dit que, six ans auparavant, Saumur contenait plus de quinze mille âmes, et qu'à présent il n'y en avait pas six mille. Il ne manqua pas d'en parler à souper dans son hôtellerie. Plusieurs protestants étaient à table : les uns se plaignaient amèrement, d'autres frémissaient de colère, d'autres disaient en pleurant :

> *... Nos dulcia linquimus arva,*
> *Nos patriam fugimus.*

L'Ingénu, qui ne savait pas le latin, se fit expliquer ces paroles, qui signifient : « Nous abandonnons nos douces campagnes, nous fuyons notre patrie. »

« Et pourquoi fuyez-vous votre patrie, Messieurs ? — C'est qu'on veut que nous reconnaissions le pape. — Et pourquoi ne le reconnaîtriez-vous pas ? Vous n'avez donc point de marraines que vous vouliez épouser ? Car on m'a dit que c'était lui qui en donnait la permission. — Ah ! Monsieur,

ce pape dit qu'il est le maître du domaine des rois. — Mais, Messieurs, de quelle profession êtes-vous ? — Monsieur, nous sommes pour la plupart des drapiers et des fabricants. — Si votre pape dit qu'il est le maître de vos draps et de vos fabriques, vous faites très bien de ne le pas reconnaître ; mais pour les rois, c'est leur affaire : de quoi vous mêlez-vous ? » Alors un petit homme noir prit la parole, et exposa très savamment les griefs de la compagnie. Il parla de la révocation de l'édit de Nantes avec tant d'énergie, il déplora d'une manière si pathétique le sort de cinquante mille familles fugitives et de cinquante mille autres converties par les dragons, que l'Ingénu à son tour versa des larmes. « D'où vient donc, disait-il, qu'un si grand roi, dont la gloire s'étend jusque chez les Hurons, se prive ainsi de tant de cœurs qui l'auraient aimé, et de tant de bras qui l'auraient servi ?

— C'est qu'on l'a trompé comme les autres grands rois, répondit l'homme noir. On lui a fait croire que, dès qu'il aurait dit un mot, tous les hommes penseraient comme lui, et qu'il nous ferait changer de religion, comme son musicien Lulli fait changer en un moment les décorations de ses opéras. Non seulement il perd déjà cinq à six cent mille sujets très utiles, mais il s'en fait des ennemis ; et le roi Guillaume, qui est actuellement maître de l'Angleterre, a composé plusieurs régiments de ces mêmes Français qui auraient combattu pour leur monarque.

« Un tel désastre est d'autant plus étonnant que le pape régnant, à qui Louis XIV sacrifie une partie de son peuple, est son ennemi déclaré. Ils ont encore tous deux, depuis neuf ans, une querelle violente. Elle a été poussée si loin que la France a espéré enfin de voir briser le joug qui la soumet depuis tant de siècles à cet étranger, et surtout de ne lui plus donner d'argent, ce qui est le premier mobile des affaires de ce monde. Il paraît donc évident qu'on a trompé ce grand roi sur ses intérêts comme sur l'étendue de son pouvoir, et qu'on a donné atteinte à la magnanimité de son cœur. »

L'Ingénu, attendri de plus en plus, demanda quels étaient les Français qui trompaient ainsi un monarque si cher aux Hurons. « Ce sont les jésuites, lui répondit-on ; c'est surtout le P. de La Chaise, confesseur de Sa Majesté. Il faut espérer que Dieu les en punira un jour, et qu'ils seront chassés comme ils nous chassent. Y a-t-il un malheur égal aux nôtres ? Mons de Louvois nous envoie de tous côtés des jésuites et des dragons. — Oh bien ! Messieurs, répliqua l'Ingénu, qui ne pouvait plus se contenir, je vais à Versailles recevoir la récompense due à mes services ; je parlerai à ce mons de Louvois : on m'a dit que c'est lui qui fait la guerre, de son cabinet. Je verrai le roi, je lui ferai connaître la vérité ; il est impossible qu'on ne se rende pas à cette vérité quand on la sent. Je reviendrai bientôt pour épouser M$^{\text{lle}}$ de Saint-Yves, et je vous prie à la noce. » Ces bonnes

gens le prirent alors pour un grand seigneur qui voyageait incognito par le coche. Quelques-uns le prirent pour le fou du roi.

Il y avait à table un jésuite déguisé qui servait d'espion au révérend P. de La Chaise. Il lui rendait compte de tout, et le P. de La Chaise en instruisait mons de Louvois. L'espion écrivit. L'Ingénu et la lettre arrivèrent presque en même temps à Versailles.

CHAPITRE IX

ARRIVÉE DE L'INGÉNU A VERSAILLES. SA RÉCEPTION
A LA COUR

L'INGÉNU débarque en pot de chambre[1] dans la cour des cuisines. Il demande aux porteurs de chaise à quelle heure on peut voir le roi. Les porteurs lui rient au nez, tout comme avait fait l'amiral anglais. Il les traita de même, il les battit ; ils voulurent le lui rendre, et la scène allait être sanglante s'il n'eût passé un garde du corps, gentilhomme breton, qui écarta la canaille. « Monsieur, lui dit le voyageur, vous me paraissez un brave homme : je suis le neveu de monsieur le prieur de Notre-Dame de la Montagne ; j'ai tué des Anglais, je viens parler au roi : je vous prie de me mener dans sa chambre. » Le garde, ravi de trouver un brave de sa province, qui ne paraissait pas au fait des usages de la cour, lui apprit qu'on ne parlait pas ainsi au roi, et qu'il fallait être présenté par monseigneur de Louvois. « Eh bien ! menez-moi donc chez ce monseigneur de Louvois, qui sans doute me conduira chez Sa Majesté. — Il est encore plus difficile, répliqua le garde, de parler à monseigneur de Louvois qu'à Sa Majesté ; mais je vais vous conduire chez M. Alexandre,

1. C'est une voiture de Paris à Versailles, laquelle ressemble à un petit tombereau couvert.

le premier commis de la guerre : c'est comme si
vous parliez au ministre. » Ils vont donc chez ce
M. Alexandre, premier commis, et ils ne purent
être introduits ; il était en affaire avec une dame de
la cour, et il y avait ordre de ne laisser entrer per-
sonne. « Eh bien ! dit le garde, il n'y a rien de perdu ;
allons chez le premier commis de M. Alexandre :
c'est comme si vous parliez à M. Alexandre lui-
même. »

Le Huron, tout étonné, le suit ; ils restent
ensemble une demi-heure dans une petite anti-
chambre. « Qu'est-ce donc que tout ceci? dit
l'Ingénu ; est-ce que tout le monde est invisible dans
ce pays-ci? Il est bien plus aisé de se battre en
Basse-Bretagne contre des Anglais que de ren-
contrer à Versailles les gens à qui on a affaire. »
Il se désennuya en racontant ses amours à son
compatriote. Mais l'heure en sonnant rappela le
garde du corps à son poste. Ils se promirent de
se revoir le lendemain ; et l'Ingénu resta encore
une autre demi-heure dans l'antichambre, en rêvant
à M^{lle} de Saint-Yves, et à la difficulté de parler
aux rois et aux premiers commis.

Enfin le patron parut. « Monsieur, lui dit l'In-
génu, si j'avais attendu pour repousser les Anglais
aussi longtemps que vous m'avez fait attendre mon
audience, ils ravageraient actuellement la Basse-
Bretagne tout à leur aise. » Ces paroles frappèrent
le commis. Il dit enfin au Breton : « Que demandez-
vous? — Récompense, dit l'autre ; voici mes titres. »
Il lui étala tous ses certificats. Le commis lut, et

lui dit que probablement on lui accorderait la permission d'acheter une lieutenance. « Moi! que je donne de l'argent pour avoir repoussé les Anglais? que je paye le droit de me faire tuer pour vous, pendant que vous donnez ici vos audiences tranquillement? Je crois que vous voulez rire. Je veux une compagnie de cavalerie pour rien; je veux que le roi fasse sortir M^{lle} de Saint-Yves du couvent, et qu'il me la donne par mariage; je veux parler au roi en faveur de cinquante mille familles que je prétends lui rendre; en un mot, je veux être utile: qu'on m'emploie et qu'on m'avance.

— Comment vous nommez-vous, Monsieur, qui parlez si haut? — Oh! oh! reprit l'Ingénu, vous n'avez donc pas lu mes certificats? C'est donc ainsi qu'on en use? Je m'appelle Hercule de Kerkabon; je suis baptisé, je loge au Cadran bleu, et je me plaindrai de vous au roi. » Le commis conclut, comme les gens de Saumur, qu'il n'avait pas la tête bien saine, et n'y fit pas grande attention.

Ce même jour, le révérend P. de La Chaise, confesseur de Louis XIV, avait reçu la lettre de son espion, qui accusait le Breton Kerkabon de favoriser dans son cœur les huguenots, et de condamner la conduite des jésuites. M. de Louvois, de son côté, avait reçu une lettre de l'interrogant bailli, qui dépeignait l'Ingénu comme un garnement qui voulait brûler les couvents et enlever les filles.

L'Ingénu, après s'être promené dans les jardins de Versailles, où il s'ennuya, après avoir soupé en Huron et en Bas-Breton, s'était couché dans la

douce espérance de voir le roi le lendemain, d'obtenir M^{lle} de Saint-Yves en mariage, d'avoir au moins une compagnie de cavalerie, et de faire cesser la persécution contre les huguenots. Il se berçait de ces flatteuses idées, quand la maréchaussée entra dans sa chambre. Elle se saisit d'abord de son fusil à deux coups et de son grand sabre.

On fit un inventaire de son argent comptant, et on le mena dans le château que fit construire le roi Charles V, fils de Jean II, auprès de la rue Saint-Antoine, à la porte des Tournelles.

Quel était en chemin l'étonnement de l'Ingénu, je vous le laisse à penser. Il crut d'abord que c'était un rêve. Il resta dans l'engourdissement ; puis tout à coup, transporté d'une fureur qui redoublait ses forces, il prend à la gorge deux de ses conducteurs qui étaient avec lui dans le carrosse, les jette par la portière, se jette après eux, et entraîne le troisième, qui voulait le retenir. Il tombe de l'effort, on le lie, on le remonte dans la voiture. « Voilà donc, disait-il, ce que l'on gagne à chasser les Anglais de la Basse-Bretagne ! Que dirais-tu, belle Saint-Yves, si tu me voyais dans cet état ? »

On arrive enfin au gîte qui lui était destiné. On le porte en silence dans la chambre où il devait être enfermé, comme un mort qu'on porte dans un cimetière. Cette chambre était déjà occupée par un vieux solitaire de Port-Royal, nommé Gordon, qui y languissait depuis deux ans. « Tenez,

lui dit le chef des sbires, voilà de la compagnie
que je vous amène » ; et sur-le-champ on referma
les énormes verrous de la porte épaisse, revêtue
de larges barres. Les deux captifs restèrent séparés
de l'univers entier.

CHAPITRE X

MONSIEUR Gordon était un vieillard frais et serein, qui savait deux grandes choses : supporter l'adversité et consoler les malheureux. Il s'avança d'un air ouvert et compatissant vers son compagnon, et lui dit en l'embrassant : « Qui que vous soyez, qui venez partager mon tombeau, soyez sûr que je m'oublierai toujours moi-même pour adoucir vos tourments dans l'abîme infernal où nous sommes plongés. Adorons la Providence qui nous y a conduits, souffrons en paix, et espérons. » Ces paroles firent sur l'âme de l'Ingénu l'effet des gouttes d'Angleterre qui rappellent un mourant à la vie, et lui font entr'ouvrir des yeux étonnés.

Après les premiers compliments, Gordon, sans le presser de lui apprendre la cause de son malheur, lui inspira, par la douceur de son entretien, et par cet intérêt que prennent deux malheureux l'un à l'autre, le désir d'ouvrir son cœur et de déposer le fardeau qui l'accablait ; mais il ne pouvait deviner le sujet de son malheur : cela lui paraissait un effet sans cause, et le bonhomme Gordon était aussi étonné que lui-même.

« Il faut, dit le janséniste au Huron, que Dieu ait de grands desseins sur vous, puisqu'il vous a conduit du lac Ontario en Angleterre et en France,

qu'il vous a fait baptiser en Basse-Bretagne, et qu'il vous a mis ici pour votre salut. — Ma foi, répondit l'Ingénu, je crois que le diable s'est mêlé seul de ma destinée. Mes compatriotes d'Amérique ne m'auraient jamais traité avec la barbarie que j'éprouve : ils n'en ont pas d'idée. On les appelle *sauvages* ; ce sont des gens de bien grossiers, et les hommes de ce pays-ci sont des coquins raffinés. Je suis, à la vérité, bien surpris d'être venu d'un autre monde pour être enfermé dans celui-ci sous quatre verrous avec un prêtre ; mais je fais réflexion au nombre prodigieux d'hommes qui partent d'un hémisphère pour aller se faire tuer dans l'autre, ou qui font naufrage en chemin, et qui sont mangés des poissons : je ne vois pas les gracieux desseins de Dieu sur tous ces gens-là. »

On leur apporta à dîner par un guichet. La conversation roula sur la Providence, sur les lettres de cachet, et sur l'art de ne pas succomber aux disgrâces auxquelles tout homme est exposé dans ce monde. « Il y a deux ans que je suis ici, dit le vieillard, sans autre consolation que moi-même et des livres ; je n'ai pas eu un moment de mauvaise humeur.

— Ah ! Monsieur Gordon, s'écria l'Ingénu, vous n'aimez donc pas votre marraine ? Si vous connaissiez comme moi M^{lle} de Saint-Yves, vous seriez au désespoir. » A ces mots il ne put retenir ses larmes, et il se sentit alors un peu moins oppressé. « Mais, dit-il, pourquoi donc les larmes soulagent-elles ? Il me semble qu'elles devraient

faire un effet contraire. — Mon fils, tout est physique en nous, dit le bon vieillard ; toute sécrétion fait du bien au corps, et tout ce qui le soulage soulage l'âme : nous sommes les machines de la Providence. »

L'Ingénu, qui, comme nous l'avons dit plusieurs fois, avait un grand fonds d'esprit, fit de profondes réflexions sur cette idée, dont il semblait qu'il avait la semence en lui-même. Après quoi il demanda à son compagnon pourquoi sa machine était depuis deux ans sous quatre verrous. « Par la grâce efficace, répondit Gordon ; je passe pour janséniste : j'ai connu Arnauld et Nicole ; les jésuites nous ont persécutés. Nous croyons que le pape n'est qu'un évêque comme un autre, et c'est pour cela que le P. de La Chaise a obtenu du roi, son pénitent, un ordre de me ravir, sans aucune formalité de justice, le bien le plus précieux des hommes, la liberté. — Voilà qui est bien étrange, dit l'Ingénu ; tous les malheureux que j'ai rencontrés ne le sont qu'à cause du pape. A l'égard de votre grâce efficace, je vous avoue que je n'y entends rien ; mais je regarde comme une grande grâce que Dieu m'ait fait trouver dans mon malheur un homme comme vous, qui verse dans mon cœur des consolations dont je me croyais incapable. »

Chaque jour la conversation devenait plus intéressante et plus instructive. Les âmes des deux captifs s'attachaient l'une à l'autre. Le vieillard savait beaucoup, et le jeune homme voulait beaucoup apprendre. Au bout d'un mois il étudia la

géométrie; il la dévorait. Gordon lui fit lire la *Phy-sique* de Rohault, qui était encore à la mode, et il eut le bon esprit de n'y trouver que des incertitudes.

Ensuite il lut le premier volume de la *Recherche de la Vérité*. Cette nouvelle lumière l'éclaira. « Quoi! dit-il, notre imagination et nos sens nous trompent à ce point! quoi! les objets ne forment point nos idées, et nous ne pouvons nous les donner nous-mêmes! » Quand il eut lu le second volume, il ne fut plus si content, et il conclut qu'il est plus aisé de détruire que de bâtir.

Son confrère, étonné qu'un jeune ignorant fît cette réflexion, qui n'appartient qu'aux âmes exer-cées, conçut une grande idée de son esprit, et s'attacha à lui davantage.

« Votre Malebranche, lui dit un jour l'Ingénu, me paraît avoir écrit la moitié de son livre avec sa raison, et l'autre avec son imagination et ses préjugés. »

Quelques jours après, Gordon lui demanda : « Que pensez-vous donc de l'âme, de la manière dont nous recevons nos idées, de notre volonté, de la grâce, du libre arbitre? — Rien, lui repartit l'Ingénu; si je pensais quelque chose, c'est que nous sommes sous la puissance de l'Être éternel comme les astres et les éléments; qu'il fait tout en nous, que nous sommes de petites roues de la machine immense dont il est l'âme; qu'il agit par des lois générales, et non par des vues particu-lières : cela seul me paraît intelligible; tout le reste est pour moi un abîme de ténèbres.

— Mais, mon fils, ce serait faire Dieu auteur du péché.

— Mais, mon père, votre grâce efficace ferait Dieu auteur du péché aussi : car il est certain que tous ceux à qui cette grâce serait refusée pécheraient ; et qui nous livre au mal n'est-il pas l'auteur du mal ? »

Cette naïveté embarrassait fort le bonhomme ; il sentait qu'il faisait de vains efforts pour se tirer de ce bourbier, et il entassait tant de paroles qui paraissaient avoir du sens et qui n'en avaient point (dans le goût de la prémotion physique) que l'Ingénu en avait pitié. Cette question tenait évidemment à l'origine du bien et du mal ; et alors il fallait que le pauvre Gordon passât en revue la boîte de Pandore, l'œuf d'Orosmade percé par Arimane, l'inimitié entre Typhon et Osiris, et enfin le péché originel ; et ils couraient l'un et l'autre dans cette nuit profonde, sans jamais se rencontrer. Mais enfin ce roman de l'âme détournait leur vue de la contemplation de leur propre misère ; et, par un charme étrange, la foule des calamités répandues sur l'univers diminuait la sensation de leurs peines : ils n'osaient se plaindre quand tout souffrait.

Mais, dans le repos de la nuit, l'image de la belle Saint-Yves effaçait dans l'esprit de son amant toutes les idées de métaphysique et de morale. Il se réveillait les yeux mouillés de larmes ; et le vieux janséniste oubliait sa grâce efficace, et l'abbé de Saint-Cyran, et Jansénius,

pour consoler un jeune homme qu'il croyait en péché mortel.

Après leurs lectures, après leurs raisonnements, ils parlaient encore de leurs aventures; et, après en avoir inutilement parlé, ils lisaient ensemble ou séparément. L'esprit du jeune homme se fortifiait de plus en plus. Il serait surtout allé très loin en mathématique, sans les distractions que lui donnait M^{lle} de Saint-Yves.

Il lut des histoires, elles l'attristèrent. Le monde lui parut trop méchant et trop misérable. En effet, l'histoire n'est que le tableau des crimes et des malheurs. La foule des hommes innocents et paisibles disparaît toujours sur ces vastes théâtres. Les personnages ne sont que des ambitieux pervers. Il semble que l'histoire ne plaise que comme la tragédie, qui languit si elle n'est animée par les passions, les forfaits et les grandes infortunes. Il faut armer Clio du poignard, comme Melpomène.

Quoique l'histoire de France soit remplie d'horreurs, ainsi que toutes les autres, cependant elle lui parut si dégoûtante dans ses commencements, si sèche dans son milieu, si petite enfin, même du temps de Henri IV, toujours si dépourvue de grands monuments, si étrangère à ces belles découvertes qui ont illustré d'autres nations, qu'il était obligé de lutter contre l'ennui pour lire tous ces détails de calamités obscures resserrées dans un coin du monde.

Gordon pensait comme lui. Tous deux riaient de pitié quand il était question des souverains de

Fezensac, de Fesansaguet et d'Astarac. Cette étude en effet ne serait bonne que pour leurs héritiers, s'ils en avaient. Les beaux siècles de la république romaine le rendirent quelque temps indifférent pour le reste de la terre. Le spectacle de Rome victorieuse et législatrice des nations occupait son âme entière. Il s'échauffait en contemplant ce peuple qui fut gouverné sept cents ans par l'enthousiasme de la liberté et de la gloire.

Ainsi se passaient les jours, les semaines, les mois; et il se serait cru heureux dans le séjour du désespoir, s'il n'avait point aimé.

Son bon naturel s'attendrissait encore sur le prieur de Notre-Dame de la Montagne et sur la sensible Kerkabon. « Que penseront-ils, répétait-il souvent, quand ils n'auront point de mes nouvelles ? Ils me croiront un ingrat. » Cette idée le tourmentait; il plaignait ceux qui l'aimaient beaucoup plus qu'il ne se plaignait lui-même.

CHAPITRE XI

COMMENT L'INGÉNU DÉVELOPPE SON GÉNIE

L A lecture agrandit l'âme, et un ami éclairé la console. Notre captif jouissait de ces deux avantages qu'il n'avait pas soupçonnés auparavant. « Je serais tenté, dit-il, de croire aux métamorphoses, car j'ai été changé de brute en homme. » Il se forma une bibliothèque choisie d'une partie de son argent dont on lui permettait de disposer. Son ami l'encouragea à mettre par écrit ses réflexions. Voici ce qu'il écrivit sur l'histoire ancienne :

« Je m'imagine que les nations ont été longtemps comme moi, qu'elles ne se sont instruites que fort tard, qu'elles n'ont été occupées pendant des siècles que du moment présent qui coulait, très peu du passé, et jamais de l'avenir. J'ai parcouru cinq ou six cents lieues du Canada, je n'y ai pas trouvé un seul monument; personne n'y sait rien de ce qu'a fait son bisaïeul. Ne serait-ce pas là l'état naturel de l'homme? L'espèce de ce continent-ci me paraît supérieure à celle de l'autre. Elle a augmenté son être depuis plusieurs siècles par les arts et par les connaissances. Est-ce parce qu'elle a de la barbe au menton, et que Dieu a refusé la barbe aux Américains? Je ne le crois pas : car je vois que les Chinois n'ont presque point de barbe, et qu'ils cultivent les arts depuis plus de

cinq mille années. En effet, s'ils ont plus de quatre mille ans d'annales, il faut bien que la nation ait été rassemblée et florissante depuis plus de cinquante siècles.

« Une chose me frappe surtout dans cette ancienne histoire de la Chine, c'est que presque tout y est vraisemblable et naturel. Je l'admire en ce qu'il n'y a rien de merveilleux.

« Pourquoi toutes les autres nations se sont-elles donné des origines fabuleuses? Les anciens chroniqueurs de l'histoire de France, qui ne sont pas fort anciens, font venir les Français d'un Francus, fils d'Hector. Les Romains se disaient issus d'un Phrygien, quoiqu'il n'y eût pas dans leur langue un seul mot qui eût le moindre rapport à la langue de Phrygie. Les dieux avaient habité dix mille ans en Égypte, et les diables en Scythie, où ils avaient engendré les Huns. Je ne vois, avant Thucydide, que des romans semblables aux *Amadis*, et beaucoup moins amusants. Ce sont partout des apparitions, des oracles, des prodiges, des sortilèges, des métamorphoses, des songes expliqués, et qui font la destinée des plus grands empires et des plus petits États : ici des bêtes qui parlent, là des bêtes qu'on adore, des dieux transformés en hommes, et des hommes transformés en dieux. Ah! s'il nous faut des fables, que ces fables soient du moins l'emblème de la vérité! J'aime les fables des philosophes, je ris de celles des enfants, et je hais celles des imposteurs. »

Il tomba un jour sur une histoire de l'empereur

Justinien. On y lisait que des apédeutes de Constantinople avaient donné, en très mauvais grec, un édit contre le plus grand capitaine du siècle, parce que ce héros avait prononcé ces paroles dans la chaleur de la conversation : « *La vérité luit de sa propre lumière, et on n'éclaire pas les esprits avec la flamme des bûchers.* » Les apédeutes assurèrent que cette proposition était hérétique, sentant l'hérésie, et que l'axiome contraire était catholique, universel et grec : « *On n'éclaire les esprits qu'avec la flamme des bûchers, et la vérité ne saurait luire de sa propre lumière.* » Ces linostoles condamnèrent ainsi plusieurs discours du capitaine, et donnèrent un édit.

« Quoi! s'écria l'Ingénu, des édits rendus par ces gens-là! — Ce ne sont point des édits, répliqua Gordon, ce sont des contre-édits, dont tout le monde se moquait à Constantinople, et l'empereur tout le premier : c'était un sage prince qui avait su réduire les apédeutes linostoles à ne pouvoir faire que du bien. Il savait que ces messieurs-là et plusieurs autres pastophores avaient lassé de contre-édits la patience des empereurs, ses prédécesseurs, en matière plus grave. — Il fit fort bien, dit l'Ingénu; on doit soutenir les pastophores et les contenir. »

Il mit par écrit beaucoup d'autres réflexions qui épouvantèrent le vieux Gordon. « Quoi! dit-il en lui-même, j'ai consumé cinquante ans à m'instruire, et je crains de ne pouvoir atteindre au bon sens naturel de cet enfant presque sauvage! Je tremble

d'avoir laborieusement fortifié des préjugés ; il n'écoute que la simple nature. »

Le bonhomme avait quelques-uns de ces petits livres de critique, de ces brochures périodiques où des hommes incapables de rien produire dénigrent les productions des autres, où les Visé insultent aux Racine, et les Faydit aux Fénelon. L'Ingénu en parcourut quelques-uns. « Je les compare, disait-il, à certains moucherons qui vont déposer leurs œufs dans le derrière des plus beaux chevaux : cela ne les empêche pas de courir. » A peine les deux philosophes daignèrent-ils jeter les yeux sur ces excréments de la littérature.

Ils lurent bientôt ensemble les éléments de l'astronomie ; l'Ingénu fit venir des sphères : ce grand spectacle le ravissait. « Qu'il est dur, disait-il, de ne commencer à connaître le ciel que lorsqu'on me ravit le droit de le contempler ! Jupiter et Saturne roulent dans ces espaces immenses ; des millions de soleils éclairent des milliards de mondes ; et, dans le coin de terre où je suis jeté, il se trouve des êtres qui me privent, moi être voyant et pensant, de tous ces mondes où ma vue pourrait atteindre, et de celui où Dieu m'a fait naître ! La lumière faite pour tout l'univers est perdue pour moi. On ne me la cachait pas dans l'horizon septentrional où j'ai passé mon enfance et ma jeunesse. Sans vous, mon cher Gordon, je serais ici dans le néant. »

CHAPITRE XII

LE jeune Ingénu ressemblait à un de ces arbres vigoureux qui, nés dans un sol ingrat, étendent en peu de temps leurs racines et leurs branches quand ils sont transplantés dans un terrain favorable; et il était bien extraordinaire qu'une prison fût ce terrain.

Parmi les livres qui occupaient le loisir des deux captifs, il se trouva des poésies, des traductions de tragédies grecques, quelques pièces du théâtre français. Les vers qui parlaient d'amour portèrent à la fois dans l'âme de l'Ingénu le plaisir et la douleur. Ils lui parlaient tous de sa chère Saint-Yves. La fable des *Deux Pigeons* lui perça le cœur : il était bien loin de pouvoir revenir à son colombier.

Molière l'enchanta. Il lui faisait connaître les mœurs de Paris et du genre humain. « A laquelle de ces comédies donnez-vous la préférence? — Au *Tartufe*, sans difficulté. — Je pense comme vous, dit Gordon; c'est un tartufe qui m'a plongé dans ce cachot, et peut-être ce sont des tartufes qui ont fait votre malheur.

« Comment trouvez-vous ces tragédies grecques? — Bonnes pour des Grecs », dit l'Ingénu. Mais quand il lut l'*Iphigénie* moderne, *Phèdre*, *Andromaque*, *Athalie*, il fut en extase, il soupira, il versa

des larmes, il les sut par cœur sans avoir envie
de les apprendre.

« Lisez *Rodogune*, lui dit Gordon ; on dit que c'est
le chef-d'œuvre du théâtre ; les autres pièces qui
vous ont fait tant de plaisir sont peu de chose en
comparaison. » Le jeune homme, dès la première
page, lui dit : « Cela n'est pas du même auteur.
— A quoi le voyez-vous ? — Je n'en sais rien
encore ; mais ces vers-là ne vont ni à mon oreille
ni à mon cœur. — Oh ! ce n'est rien que les vers »,
répliqua Gordon. L'Ingénu répondit : « Pourquoi
donc en faire ? »

Après avoir lu attentivement la pièce, sans
autre dessein que celui d'avoir du plaisir, il regar-
dait son ami avec des yeux secs et étonnés, et ne
savait que dire. Enfin, pressé de rendre compte de
ce qu'il avait senti, voici ce qu'il répondit : « Je n'ai
guère entendu le commencement ; j'ai été révolté du
milieu ; la dernière scène m'a beaucoup ému, quoi-
qu'elle me paraisse peu vraisemblable : je ne me
suis intéressé pour personne, et je n'ai pas retenu
vingt vers, moi qui les retiens tous quand ils me
plaisent.

— Cette pièce passe pourtant pour la meilleure
que nous ayons. — Si cela est, répliqua-t-il, elle est
peut-être comme bien des gens qui ne méritent pas
leurs places. Après tout, c'est ici une affaire de
goût ; le mien ne doit pas encore être formé : je peux
me tromper ; mais vous savez que je suis assez
accoutumé à dire ce que je pense, ou plutôt ce que
je sens. Je soupçonne qu'il y a souvent de l'illusion,

de la mode, du caprice, dans les jugements des hommes. J'ai parlé d'après la nature : il se peut que chez moi la nature soit très imparfaite ; mais il se peut aussi qu'elle soit quelquefois peu consultée par la plupart des hommes. » Alors il récita des vers d'*Iphigénie,* dont il était plein, et, quoiqu'il ne déclamât pas bien, il y mit tant de vérité et d'onction qu'il fit pleurer le vieux janséniste. Il lut ensuite *Cinna* : il ne pleura point, mais il admira.

CHAPITRE XIII

PENDANT que notre infortuné s'éclairait plus qu'il ne se consolait; pendant que son génie, étouffé depuis si longtemps, se déployait avec tant de rapidité et de force; pendant que la nature, qui se perfectionnait en lui, le vengeait des outrages de la fortune, que devinrent monsieur le prieur et sa bonne sœur, et la belle recluse Saint-Yves? Le premier mois on fut inquiet, et au troisième on fut plongé dans la douleur : les fausses conjectures, les bruits mal fondés, alarmèrent; au bout de six mois on le crut mort. Enfin, M. et M^{lle} de Kerkabon apprirent, par une ancienne lettre qu'un garde du roi avait écrite en Bretagne, qu'un jeune homme semblable à l'Ingénu était arrivé un soir à Versailles, mais qu'il avait été enlevé pendant la nuit, et que depuis ce temps personne n'en avait entendu parler.

« Hélas! dit M^{lle} de Kerkabon, notre neveu aura fait quelque sottise et se sera attiré de fâcheuses affaires. Il est jeune, il est Bas-Breton, il ne peut savoir comme on doit se comporter à la cour. Mon cher frère, je n'ai jamais vu Versailles ni Paris; voici une belle occasion, nous retrouverons peut-être notre pauvre neveu : c'est le fils de notre frère, et notre devoir est de le secourir. Qui sait si nous ne pourrons point parvenir enfin à le faire sous-

diacre, quand la fougue de la jeunesse sera amortie? Il avait beaucoup de disposition pour les sciences. Vous souvenez-vous comme il raisonnait sur l'Ancien et sur le Nouveau Testament? Nous sommes responsables de son âme; c'est nous qui l'avons fait baptiser; sa chère maîtresse Saint-Yves passe les journées à pleurer. En vérité, il faut aller à Paris. S'il est caché dans quelqu'une de ces vilaines maisons de joie dont on m'a fait tant de récits, nous l'en tirerons. » Le prieur fut touché des discours de sa sœur. Il alla trouver l'évêque de Saint-Malo qui avait baptisé le Huron, et lui demanda sa protection et ses conseils. Le prélat approuva le voyage. Il donna au prieur des lettres de recommandation pour le P. de La Chaise, confesseur du roi, qui avait la première dignité du royaume; pour l'archevêque de Paris, Harlay, et pour l'évêque de Meaux, Bossuet.

Enfin le frère et la sœur partirent; mais, quand ils furent arrivés à Paris, ils se trouvèrent égarés comme dans un vaste labyrinthe sans fil et sans issue. Leur fortune était médiocre; il leur fallait tous les jours des voitures pour aller à la découverte, et ils ne découvraient rien.

Le prieur se présenta chez le révérend P. de La Chaise : il était avec M^lle du Tron et ne pouvait donner audience à des prieurs. Il alla à la porte de l'archevêque : le prélat était enfermé avec la belle M^me de Lesdiguières pour les affaires de l'Église. Il courut à la maison de campagne de l'évêque de Meaux : celui-ci examinait avec M^lle de

Mauléon l'*Amour mystique* de M^me Guyon. Cependant il parvint à se faire entendre de ces deux prélats; tous deux lui déclarèrent qu'ils ne pouvaient se mêler de son neveu, attendu qu'il n'était pas sous-diacre.

Enfin il vit le jésuite; celui-ci le reçut à bras ouverts, lui protesta qu'il avait toujours eu pour lui une estime particulière, ne l'ayant jamais connu. Il jura que la Société avait toujours été attachée aux Bas-Bretons. « Mais, dit-il, votre neveu n'aurait-il pas le malheur d'être huguenot? — Non assurément, mon révérend père. — Serait-il point janséniste?—Je puis assurer à Votre Révérence qu'à peine est-il chrétien. Il y a environ onze mois que nous l'avons baptisé. — Voilà qui est bien, voilà qui est bien, nous aurons soin de lui. Votre bénéfice est-il considérable? — Oh! fort peu de chose, et mon neveu nous coûte beaucoup. — Y a-t-il quelques jansénistes dans le voisinage? Prenez bien garde, mon cher monsieur le prieur, ils sont plus dangereux que les huguenots et les athées. — Mon révérend père, nous n'en avons point; on ne sait ce que c'est que le jansénisme à Notre-Dame de la Montagne. — Tant mieux; allez, il n'y a rien que je ne fasse pour vous. » Il congédia affectueusement le prieur, et n'y pensa plus.

Le temps s'écoulait, le prieur et la bonne sœur se désespéraient.

Cependant le maudit bailli pressait le mariage de son grand benêt de fils avec la belle Saint-Yves,

qu'on avait fait sortir exprès du couvent. Elle
aimait toujours son cher filleul autant qu'elle
détestait le mari qu'on lui présentait. L'affront
d'avoir été mise au couvent augmentait sa passion.
L'ordre d'épouser le fils du bailli y mettait le
comble. Les regrets, la tendresse et l'horreur
bouleversaient son âme. L'amour, comme on sait,
est bien plus ingénieux et plus hardi dans une
jeune fille que l'amitié ne l'est dans un vieux prieur
et dans une tante de quarante-cinq ans passés. De
plus, elle s'était bien formée dans son couvent
par les romans qu'elle avait lus à la dérobée.

La belle Saint-Yves se souvenait de la lettre
qu'un garde du corps avait écrite en Basse-Bre-
tagne, et dont on avait parlé dans la province.
Elle résolut d'aller elle-même prendre des infor-
mations à Versailles, de se jeter au pied des
ministres, si son mari était en prison, comme on
disait, et d'obtenir justice pour lui. Je ne sais quoi
l'avertissait secrètement qu'à la cour on ne refuse
rien à une jolie fille. Mais elle ne savait pas ce
qu'il en coûtait.

Sa résolution prise, elle est consolée, elle est
tranquille, elle ne rebute plus son sot prétendu ;
elle accueille le détestable beau-père, caresse son
frère, répand l'allégresse dans la maison ; puis, le
jour destiné à la cérémonie, elle part secrètement
à quatre heures du matin avec ses petits présents
de noce et tout ce qu'elle a pu rassembler. Ses
mesures étaient si bien prises qu'elle était déjà à
plus de dix lieues lorsqu'on entra dans sa chambre,

vers le midi. La surprise et la consternation furent
grandes. L'interrogant bailli fit ce jour-là plus de
questions qu'il n'en avait fait dans toute la semaine ;
le mari resta plus sot qu'il ne l'avait jamais été.
L'abbé de Saint-Yves, en colère, prit le parti de
courir après sa sœur. Le bailli et son fils voulu-
rent l'accompagner. Ainsi la destinée conduisait
à Paris presque tout ce canton de la Basse-Bre-
tagne.

La belle Saint-Yves se doutait bien qu'on la
suivrait. Elle était à cheval ; elle s'informait adroi-
tement des courriers s'ils n'avaient point rencontré
un gros abbé, un énorme bailli et un jeune benêt,
qui couraient sur le chemin de Paris. Ayant
appris au troisième jour qu'ils n'étaient pas loin,
elle prit une route différente, et eut assez d'habi-
leté et de bonheur pour arriver à Versailles tan-
dis qu'on la cherchait inutilement dans Paris.

Mais comment se conduire à Versailles? Jeune,
belle, sans conseil, sans appui, inconnue, exposée
à tout, comment oser chercher un garde du roi ?
Elle imagina de s'adresser à un jésuite du bas
étage ; il y en avait pour toutes les conditions de
la vie, comme Dieu, disaient-ils, a donné diffé-
rentes nourritures aux diverses espèces d'animaux.
Il avait donné au roi son confesseur, que tous les
solliciteurs de bénéfices appelaient le *chef de l'Église
gallicane* ; ensuite venaient les confesseurs des
princesses ; les ministres n'en avaient point : ils
n'étaient pas si sots. Il y avait les jésuites du
grand commun, et surtout les jésuites des femmes

de chambre, par lesquelles on savait les secrets
des maîtresses, et ce n'était pas un petit emploi.
La belle Saint-Yves s'adressa à un de ces der-
niers, qui s'appelait le P. Tout-à-tous. Elle se
confessa à lui, lui exposa ses aventures, son état,
son danger, et le conjura de la loger chez quelque
bonne dévote qui la mît à l'abri des tentations.

Le P. Tout-à-tous l'introduisit chez la femme
d'un officier du gobelet, l'une de ses plus affidées
pénitentes. Dès qu'elle y fut, elle s'empressa de
gagner la confiance et l'amitié de cette femme;
elle s'informa du garde breton, et le fit prier de
venir chez elle. Ayant su de lui que son amant
avait été enlevé après avoir parlé à un premier
commis, elle court chez ce commis : la vue d'une
belle femme l'adoucit, car il faut convenir que
Dieu n'a créé les femmes que pour apprivoiser les
hommes.

Le plumitif attendri lui avoua tout. « Votre
amant est à la Bastille depuis un an, et sans vous
il y serait peut-être toute sa vie. » La tendre
Saint-Yves s'évanouit. Quand elle eut repris ses
sens, le plumitif lui dit : « Je suis sans crédit pour
faire du bien ; tout mon pouvoir se borne à faire
du mal quelquefois. Croyez-moi, allez chez M. de
Saint-Pouange, qui fait le bien et le mal, cousin
et favori de monseigneur de Louvois. Ce ministre
a deux âmes : M. de Saint-Pouange en est une ;
M^{me} du Belloy, l'autre; mais elle n'est pas à pré-
sent à Versailles; il ne vous reste que de fléchir
le protecteur que je vous indique. »

La belle Saint-Yves, partagée entre un peu de joie et d'extrêmes douleurs, entre quelque espérance et de tristes craintes, poursuivie par son frère, adorant son amant, essuyant ses larmes et en versant encore, tremblante, affaiblie, et reprenant courage, courut vite chez M. de Saint-Pouange.

CHAPITRE XIV

L'INGÉNU faisait des progrès rapides dans les sciences, et surtout dans la science de l'homme. La cause du développement rapide de son esprit était due à son éducation sauvage presque autant qu'à la trempe de son âme : car, n'ayant rien appris dans son enfance, il n'avait point appris de préjugés. Son entendement, n'ayant point été courbé par l'erreur, était demeuré dans toute sa rectitude. Il voyait les choses comme elles sont, au lieu que les idées qu'on nous donne dans l'enfance nous les font voir toute notre vie comme elles ne sont point. « Vos persécuteurs sont abominables, disait-il à son ami Gordon. Je vous plains d'être opprimé, mais je vous plains d'être janséniste. Toute secte me paraît le ralliement de l'erreur. Dites-moi s'il y a des sectes en géométrie. — Non, mon cher enfant, lui dit en soupirant le bon Gordon; tous les hommes sont d'accord sur la vérité quand elle est démontrée, mais ils sont trop partagés sur les vérités obscures. — Dites sur les faussetés obscures. S'il y avait eu une seule vérité cachée dans vos amas d'arguments qu'on ressasse depuis tant de siècles, on l'aurait découverte sans doute; et l'univers aurait été d'accord au moins sur ce point-là. Si cette vérité était nécessaire comme le soleil l'est à la

terre, elle serait brillante comme lui. C'est une absurdité, c'est un outrage au genre humain, c'est un attentat contre l'Être infini et suprême de dire : « Il y a une vérité essentielle à l'homme, et « Dieu l'a cachée. »

Tout ce que disait ce jeune ignorant, instruit par la nature, faisait une impression profonde sur l'esprit du vieux savant infortuné. « Serait-il bien vrai, s'écria-t-il, que je me fusse rendu malheureux pour des chimères? Je suis bien plus sûr de mon malheur que de la grâce efficace. J'ai consumé mes jours à raisonner sur la liberté de Dieu et du genre humain, mais j'ai perdu la mienne; ni saint Augustin ni saint Prosper ne me tireront de l'abîme où je suis. »

L'Ingénu, livré à son caractère, dit enfin : « Voulez-vous que je vous parle avec une confiance hardie? Ceux qui se font persécuter pour ces vaines disputes de l'école me semblent peu sages ; ceux qui persécutent me paraissent des monstres. »

Les deux captifs étaient fort d'accord sur l'injustice de leur captivité. « Je suis cent fois plus à plaindre que vous, disait l'Ingénu; je suis né libre comme l'air; j'avais deux vies, la liberté et l'objet de mon amour : on me les ôte. Nous voici tous deux dans les fers, sans en savoir la raison, et sans pouvoir la demander. J'ai vécu Huron vingt ans; on dit que ce sont des barbares, parce qu'ils se vengent de leurs ennemis ; mais ils n'ont jamais opprimé leurs amis. A peine ai-je mis le pied en France que j'ai versé mon sang pour elle;

j'ai peut-être sauvé une province, et pour récompense je suis englouti dans ce tombeau des vivants, où je serais mort de rage sans vous. Il n'y a donc point de lois dans ce pays? On condamne les hommes sans les entendre! Il n'en est pas ainsi en Angleterre. Ah! ce n'était pas contre les Anglais que je devais me battre. » Ainsi sa philosophie naissante ne pouvait dompter la nature outragée dans le premier de ses droits, et laissait un libre cours à sa juste colère.

Son compagnon ne le contredit point. L'absence augmente toujours l'amour qui n'est pas satisfait, et la philosophie ne le diminue pas. Il parlait aussi souvent de sa chère Saint-Yves que de morale et de métaphysique. Plus ses sentiments s'épuraient, et plus il aimait. Il lut quelques romans nouveaux; il en trouva peu qui lui peignissent la situation de son âme. Il sentait que son cœur allait toujours au delà de ce qu'il lisait. « Ah! disait-il, presque tous ces auteurs-là n'ont que de l'esprit et de l'art. » Enfin le bon prêtre janséniste devenait insensiblement le confident de sa tendresse. Il ne connaissait l'amour auparavant que comme un péché dont on s'accuse en confession. Il apprit à le connaître comme un sentiment aussi noble que tendre, qui peut élever l'âme autant que l'amollir, et produire même quelquefois des vertus. Enfin, pour dernier prodige, un Huron convertissait un janséniste.

CHAPITRE XV

LA BELLE SAINT-YVES RÉSISTE A DES PROPOSITIONS DÉLICATES

LA belle Saint-Yves, plus tendre encore que son amant, alla donc chez M. de Saint-Pouange, accompagnée de l'amie chez qui elle logeait, toutes deux cachées dans leurs coiffes. La première chose qu'elle vit à la porte ce fut l'abbé de Saint-Yves, son frère, qui en sortait. Elle fut intimidée; mais la dévote amie la rassura. « C'est précisément parce qu'on a parlé contre vous qu'il faut que vous parliez. Soyez sûre que dans ce pays les accusateurs ont toujours raison si on ne se hâte de les confondre. Votre présence d'ailleurs, ou je me trompe fort, fera plus d'effet que les paroles de votre frère. »

Pour peu qu'on encourage une amante passionnée, elle est intrépide. La Saint-Yves se présente à l'audience. Sa jeunesse, ses charmes, ses yeux tendres, mouillés de quelques pleurs, attirèrent tous les regards. Chaque courtisan du sous-ministre oublia un moment l'idole du pouvoir pour contempler celle de la beauté. Le Saint-Pouange la fit entrer dans un cabinet; elle parla avec attendrissement et avec grâce. Saint-Pouange se sentit touché. Elle tremblait, il la rassura. « Revenez ce soir, lui dit-il; vos affaires méritent qu'on y pense et qu'on en parle à loisir. Il y a ici

trop de monde. On expédie les audiences trop rapidement. Il faut que je vous entretienne à fond de tout ce qui vous regarde. » Ensuite, ayant fait l'éloge de sa beauté et de ses sentiments, il lui recommanda de venir à sept heures du soir.

Elle n'y manqua pas ; la dévote amie l'accompagna encore, mais elle se tint dans le salon, et lut le *Pédagogue chrétien,* pendant que le Saint-Pouange et la belle Saint-Yves étaient dans l'arrière-cabinet. « Croiriez-vous bien, Mademoiselle, lui dit-il d'abord, que votre frère est venu me demander une lettre de cachet contre vous? En vérité j'en expédierais plutôt une pour le renvoyer en Basse-Bretagne. — Hélas! Monsieur, on est donc bien libéral de lettres de cachet dans vos bureaux, puisqu'on en vient solliciter du fond du royaume, comme des pensions? Je suis bien loin d'en demander une contre mon frère. J'ai beaucoup à me plaindre de lui, mais je respecte la liberté des hommes; je demande celle d'un homme que je veux épouser, d'un homme à qui le roi doit la conservation d'une province, qui peut le servir utilement, et qui est fils d'un officier tué à son service. De quoi est-il accusé? Comment a-t-on pu le traiter si cruellement sans l'entendre? »

Alors le sous-ministre lui montra la lettre du jésuite espion et celle du perfide bailli. « Quoi! il y a de pareils monstres sur la terre! et on veut me forcer ainsi à épouser le fils ridicule d'un homme ridicule et méchant! et c'est sur de pareils avis qu'on décide ici de la destinée des citoyens! »

Elle se jeta à genoux, elle demanda avec des sanglots la liberté du brave homme qui l'adorait. Ses charmes dans cet état parurent dans leur plus grand avantage. Elle était si belle que le Saint-Pouange, perdant toute honte, lui insinua qu'elle réussirait si elle commençait par lui donner les prémices de ce qu'elle réservait à son amant. La Saint-Yves, épouvantée et confuse, feignit longtemps de ne pas entendre; il fallut s'expliquer plus clairement. Un mot lâché d'abord avec retenue en produisait un plus fort, suivi d'un autre plus expressif. On offrit non seulement la révocation de la lettre de cachet, mais des récompenses, de l'argent, des honneurs, des établissements; et plus on promettait, plus le désir de n'être pas refusé augmentait.

La Saint-Yves pleurait, elle était suffoquée, à demi renversée sur un sofa, croyant à peine ce qu'elle voyait, ce qu'elle entendait. Le Saint-Pouange, à son tour, se jeta à ses genoux. Il n'était pas sans agréments, et aurait pu ne pas effaroucher un cœur moins prévenu. Mais Saint-Yves adorait son amant et croyait que c'était un crime horrible de le trahir pour le servir. Saint-Pouange redoublait les prières et les promesses. Enfin, la tête lui tourna au point qu'il lui déclara que c'était le seul moyen de tirer de sa prison l'homme auquel elle prenait un intérêt si violent et si tendre. Cet étrange entretien se prolongeait. La dévote de l'antichambre, en lisant son *Pédagogue chrétien,* disait : « Mon Dieu! que peuvent-ils

faire là depuis deux heures? Jamais monseigneur
de Saint-Pouange n'a donné une si longue audience ;
peut-être qu'il a tout refusé à cette pauvre fille,
puisqu'elle le prie encore. »

Enfin sa compagne sortit de l'arrière-cabinet,
tout éperdue, sans pouvoir parler, réfléchissant
profondément sur le caractère des grands et des
demi-grands, qui sacrifient si légèrement la liberté
des hommes et l'honneur des femmes.

Elle ne dit pas un mot pendant tout le chemin.
Arrivée chez l'amie, elle éclata, elle lui conta tout.
La dévote fit de grands signes de croix. « Ma
chère amie, il faut consulter dès demain le P. Tout-
à-tous, notre directeur ; il a beaucoup de crédit
auprès de M. de Saint-Pouange ; il confesse plu-
sieurs servantes de sa maison ; c'est un homme
pieux et accommodant, qui dirige aussi des femmes
de qualité. Abandonnez-vous à lui, c'est ainsi que
j'en use ; je m'en suis toujours bien trouvée. Nous
autres, pauvres femmes, nous avons besoin d'être
conduites par un homme. — Eh bien donc ! ma
chère amie, j'irai trouver demain le P. Tout-à-
tous. »

CHAPITRE XVI

Dès que la belle et désolée Saint-Yves fut avec son bon confesseur, elle lui confia qu'un homme puissant et voluptueux lui proposait de faire sortir de prison celui qu'elle devait épouser légitimement, et qu'il demandait un grand prix de son service ; qu'elle avait une répugnance horrible pour une telle infidélité, et que, s'il ne s'agissait que de sa propre vie, elle la sacrifierait plutôt que de succomber.

« Voilà un abominable pécheur ! lui dit le P. Tout-à-tous. Vous devriez bien me dire le nom de ce vilain homme ; c'est à coup sûr quelque janséniste ; je le dénoncerai à Sa Révérence le P. de La Chaise, qui le fera mettre dans le gîte où est à présent la chère personne que vous devez épouser. »

La pauvre fille, après un long embarras et de grandes irrésolutions, lui nomma enfin Saint-Pouange.

« Monseigneur de Saint-Pouange ! s'écria le jésuite ; ah ! ma fille, c'est tout autre chose ; il est cousin du plus grand ministre que nous ayons jamais eu, homme de bien, protecteur de la bonne cause, bon chrétien ; il ne peut avoir eu une telle pensée, il faut que vous ayez mal entendu. — Ah ! mon père, je n'ai entendu que trop bien ; je suis

perdue quoi que je fasse ; je n'ai que le choix du malheur et de la honte ; il faut que mon amant reste enseveli tout vivant, ou que je me rende indigne de vivre. Je ne puis le laisser périr, et je ne puis le sauver. »

Le P. Tout-à-tous tâcha de la calmer par ces douces paroles :

« Premièrement, ma fille, ne dites jamais ce mot, *mon amant* : il y a quelque chose de mondain qui pourrait offenser Dieu ; dites *mon mari* : car, bien qu'il ne le soit pas encore, vous le regardez comme tel, et rien n'est plus honnête.

« Secondement, bien qu'il soit votre époux en idée, en espérance, il ne l'est pas en effet : ainsi vous ne commettriez pas un adultère, péché énorme qu'il faut toujours éviter autant qu'il est possible.

« Troisièmement, les actions ne sont pas d'une malice de coulpe quand l'intention est pure ; et rien n'est plus pur que de délivrer votre mari.

« Quatrièmement, vous avez des exemples dans la sainte antiquité qui peuvent merveilleusement servir à votre conduite. Saint Augustin rapporte que, sous le proconsulat de Septimius Acindynus, en l'an 340 de notre salut, un pauvre homme, ne pouvant payer à César ce qui appartenait à César, fut condamné à la mort, comme il est juste, malgré la maxime : *Où il n'y a rien le roi perd ses droits.* Il s'agissait d'une livre d'or ; le condamné avait une femme en qui Dieu avait mis la beauté et la prudence. Un vieux richard promit de donner une livre d'or, et même plus, à la dame, à condition qu'il

commettrait avec elle le péché immonde. La dame
ne crut point mal faire en sauvant la vie à son
mari. Saint Augustin approuva fort sa généreuse
résignation. Il est vrai que le vieux richard la
trompa, et peut-être même son mari n'en fut pas
moins pendu ; mais elle avait fait tout ce qui était
en elle pour sauver sa vie.

« Soyez sûre, ma fille, que, quand un jésuite
vous cite saint Augustin, il faut que ce saint ait
pleinement raison. Je ne vous conseille rien ; vous
êtes sage ; il est à présumer que vous serez utile
à votre mari. Monseigneur de Saint-Pouange est
un honnête homme ; il ne vous trompera pas ; c'est
tout ce que je puis vous dire : je prierai Dieu pour
vous, et j'espère que tout se passera à sa plus
grande gloire. »

La belle Saint-Yves, non moins effrayée des
discours du jésuite que des propositions du sous-
ministre, s'en retourna éperdue chez son amie.
Elle était tentée de se délivrer par la mort de
l'horreur de laisser dans une captivité affreuse
l'amant qu'elle adorait, et de la honte de le déli-
vrer au prix de ce qu'elle avait de plus cher, et
qui ne devait appartenir qu'à cet amant infortuné.

CHAPITRE XVII

ELLE priait son amie de la tuer ; mais cette femme, non moins indulgente que le jésuite, lui parla plus clairement encore. « Hélas ! dit-elle, les affaires ne se font guère autrement dans cette cour si aimable, si galante et si renommée. Les places les plus médiocres et les plus considérables n'ont souvent été données qu'au prix qu'on exige de vous. Écoutez, vous m'avez inspiré de l'amitié et de la confiance ; je vous avouerai que, si j'avais été aussi difficile que vous l'êtes, mon mari ne jouirait pas du petit poste qui le fait vivre ; il le sait, et, loin d'en être fâché, il voit en moi sa bienfaitrice, et il se regarde comme ma créature. Pensez-vous que tous ceux qui ont été à la tête des provinces, ou même des armées, aient dû leurs honneurs et leur fortune à leurs seuls services ? Il en est qui en sont redevables à mesdames leurs femmes. Les dignités de la guerre ont été sollicitées par l'amour, et la place a été donnée au mari de la plus belle.

« Vous êtes dans une situation bien plus intéressante : il s'agit de rendre votre amant au jour et de l'épouser ; c'est un devoir sacré qu'il vous faut remplir. On n'a point blâmé les belles et grandes dames dont je vous parle ; on vous applaudira, on dira que vous ne vous êtes permis une

faiblesse que par un excès de vertu. — Ah! quelle vertu! s'écria la belle Saint-Yves; quel labyrinthe d'iniquités! quel pays! et que j'apprends à connaître les hommes! Un P. de La Chaise et un bailli ridicule font mettre mon amant en prison, ma famille me persécute, on ne me tend la main dans mon désastre que pour me déshonorer. Un jésuite a perdu un brave homme, un autre jésuite veut me perdre; je ne suis entourée que de pièges, et je touche au moment de tomber dans la misère! Il faut que je me tue ou que je parle au roi; je me jetterai à ses pieds sur son passage, quand il ira à la messe ou à la comédie. — On ne vous laissera pas approcher, lui dit sa bonne amie; et, si vous aviez le malheur de parler, mons de Louvois et le révérend P. de La Chaise pourraient vous enterrer dans le fond d'un couvent pour le reste de vos jours. »

Tandis que cette brave personne augmentait ainsi les perplexités de cette âme désespérée et enfonçait le poignard dans son cœur, arrive un exprès de M. de Saint-Pouange avec une lettre et deux beaux pendants d'oreilles. Saint-Yves rejeta le tout en pleurant, mais l'amie s'en chargea.

Dès que le messager fut parti, notre confidente lit la lettre, dans laquelle on propose un petit souper aux deux amies pour le soir. Saint-Yves jure qu'elle n'ira point. La dévote veut lui essayer les deux boucles de diamants; Saint-Yves ne le put souffrir, elle combattit la journée entière. Enfin, n'ayant en vue que son amant, vaincue, entraînée,

ne sachant où on la mène, elle se laisse conduire au souper fatal. Rien n'avait pu la déterminer à se parer de ses pendants d'oreilles ; la confidente les apporta, elle les lui ajusta malgré elle avant qu'on se mît à table. Saint-Yves était si confuse, si troublée, qu'elle se laissait tourmenter ; et le patron en tirait un augure très favorable. Vers la fin du repas, la confidente se retira discrètement. Le patron montra alors la révocation de la lettre de cachet, le brevet d'une gratification considérable, celui d'une compagnie, et n'épargna pas les promesses. « Ah ! lui dit Saint-Yves, que je vous aimerais si vous ne vouliez pas être tant aimé ! »

Enfin, après une longue résistance, après des sanglots, des cris, des larmes, affaiblie du combat, éperdue, languissante, il fallut se rendre. Elle n'eut d'autre ressource que de se promettre de ne penser qu'à l'Ingénu, tandis que le cruel jouirait impitoyablement de la nécessité où elle était réduite.

CHAPITRE XVIII

Au point du jour elle vole à Paris, munie de l'ordre du ministre. Il est difficile de peindre ce qui se passait dans son cœur pendant ce voyage. Qu'on imagine une âme vertueuse et noble, humiliée de son opprobre, enivrée de tendresse, déchirée des remords d'avoir trahi son amant, pénétrée du plaisir de délivrer ce qu'elle adore. Ses amertumes, ses combats, son succès, partageaient toutes ses réflexions. Ce n'était plus cette fille simple dont une éducation provinciale avait rétréci les idées. L'amour et le malheur l'avaient formée. Le sentiment avait fait autant de progrès en elle que la raison en avait fait dans l'esprit de son amant infortuné. Les filles apprennent à sentir plus aisément que les hommes n'apprennent à penser. Son aventure était plus instructive que quatre ans de couvent.

Son habit était d'une simplicité extrême. Elle voyait avec horreur les ajustements sous lesquels elle avait paru devant son funeste bienfaiteur ; elle avait laissé ses boucles de diamants à sa compagne sans même les regarder. Confuse et charmée, idolâtre de l'Ingénu et se haïssant elle-même, elle arrive enfin à la porte

De cet affreux château, palais de la vengeance,
Qui renferma souvent le crime et l'innocence.

Quand il fallut descendre du carrosse, les forces lui manquèrent ; on l'aida ; elle entra, le cœur palpitant, les yeux humides, le front consterné. On la présente au gouverneur ; elle veut lui parler, sa voix expire ; elle montre son ordre en articulant à peine quelques paroles. Le gouverneur aimait son prisonnier ; il fut très aise de sa délivrance. Son cœur n'était pas endurci comme celui de quelques honorables geôliers ses confrères qui, ne pensant qu'à la rétribution attachée à la garde de leurs captifs, fondant leurs revenus sur leurs victimes, et vivant du malheur d'autrui, se faisaient en secret une joie affreuse des larmes des infortunés.

Il fait venir le prisonnier dans son appartement. Les deux amants se voient, et tous deux s'évanouissent. La belle Saint-Yves resta longtemps sans mouvement et sans vie : l'autre rappela bientôt son courage. « C'est apparemment là madame votre femme, lui dit le gouverneur ; vous ne m'aviez point dit que vous fussiez marié. On me mande que c'est à ses soins généreux que vous devez votre délivrance. — Ah ! je ne suis pas digne d'être sa femme », dit la belle Saint-Yves d'une voix tremblante, et elle retomba encore en faiblesse.

Quand elle eut repris ses sens, elle présenta, toujours tremblante, le brevet de la gratification et la promesse par écrit d'une compagnie. L'Ingénu, aussi étonné qu'attendri, s'éveillait d'un songe pour retomber dans un autre. « Pourquoi ai-je été enfermé ici ? comment avez-vous pu m'en tirer ? où sont les monstres qui m'y ont plongé ?

Vous êtes une divinité qui descendez du ciel à mon secours. »

La belle Saint-Yves baissait la vue, regardait son amant, rougissait, et détournait, le moment d'après, ses yeux mouillés de pleurs. Elle lui apprit enfin tout ce qu'elle savait et tout ce qu'elle avait éprouvé, excepté ce qu'elle aurait voulu se cacher pour jamais, et ce qu'un autre que l'Ingénu, plus accoutumé au monde et plus instruit des usages de la cour, aurait deviné facilement.

« Est-il possible qu'un misérable comme ce bailli ait eu le pouvoir de me ravir ma liberté ? Ah ! je vois bien qu'il en est des hommes comme des plus vils animaux ; tous peuvent nuire. Mais est-il possible qu'un moine, un jésuite confesseur du roi, ait contribué à mon infortune autant que ce bailli, sans que je puisse imaginer sous quel prétexte ce détestable fripon m'a persécuté ? M'a-t-il fait passer pour un janséniste ? Enfin, comment vous êtes-vous souvenue de moi ? Je ne le méritais pas, je n'étais alors qu'un sauvage. Quoi ! vous avez pu, sans conseil, sans secours, entreprendre le voyage de Versailles ! Vous y avez paru, et on a brisé mes fers ! Il est donc dans la beauté et dans la vertu un charme invincible qui fait tomber les portes de fer et qui amollit les cœurs de bronze ! »

A ce mot de *vertu*, des sanglots échappèrent à la belle Saint-Yves. Elle ne savait pas combien elle était vertueuse dans le crime qu'elle se reprochait.

Son amant continua ainsi : « Ange qui avez rompu

mes liens, si vous avez eu (ce que je ne comprends pas encore) assez de crédit pour me faire rendre justice, faîtes-la donc rendre aussi à un vieillard qui m'a le premier appris à penser, comme vous m'avez appris à aimer. La calamité nous a unis ; je l'aime comme un père, je ne peux vivre ni sans vous ni sans lui. — Moi ! que je sollicite le même homme qui... ! — Oui, je veux tout vous devoir, et je ne veux devoir jamais rien qu'à vous : écrivez à cet homme puissant, comblez-moi de vos bienfaits, achevez ce que vous avez commencé, achevez vos prodiges. » Elle sentait qu'elle devait faire tout ce que son amant exigeait. Elle voulut écrire, sa main ne pouvait obéir. Elle recommença trois fois sa lettre, la déchira trois fois ; elle écrivit enfin, et les deux amants sortirent après avoir embrassé le vieux martyr de la grâce efficace.

L'heureuse et désolée Saint-Yves savait dans quelle maison logeait son frère ; elle y alla ; son amant prit un appartement dans la même maison.

A peine y furent-ils arrivés que son protecteur lui envoya l'ordre de l'élargissement du bonhomme Gordon, et lui demanda un rendez-vous pour le lendemain. Ainsi, à chaque action honnête et généreuse qu'elle faisait, son déshonneur en était le prix. Elle regardait avec exécration cet usage de vendre le malheur et le bonheur des hommes. Elle donna l'ordre de l'élargissement à son amant, et refusa le rendez-vous d'un bienfaiteur qu'elle ne pouvait plus voir sans expirer de douleur et de honte. L'Ingénu ne pouvait se séparer d'elle que

pour aller délivrer un ami : il y vola. Il remplit ce
devoir en réfléchissant sur les étranges événements
de ce monde, et en admirant la vertu courageuse
d'une jeune fille à qui deux infortunés devaient plus
que la vie.

CHAPITRE XIX

LA généreuse et respectable infidèle était avec son frère l'abbé de Saint-Yves, le bon prieur de la Montagne et la dame de Kerkabon. Tous étaient également étonnés, mais leurs situations et leurs sentiments étaient bien différents. L'abbé de Saint-Yves pleurait ses torts aux pieds de sa sœur, qui lui pardonnait. Le prieur et sa tendre sœur pleuraient aussi, mais de joie ; le vilain bailli et son insupportable fils ne troublaient point cette scène touchante. Ils étaient partis au premier bruit de l'élargissement de leur ennemi ; ils couraient ensevelir dans leur province leur sottise et leur crainte.

Les quatre personnages, agités de cent mouvements divers, attendaient que le jeune homme revînt avec l'ami qu'il devait délivrer. L'abbé de Saint-Yves n'osait lever les yeux devant sa sœur ; la bonne Kerkabon disait : « Je reverrai donc mon cher neveu. — Vous le reverrez, dit la charmante Saint-Yves, mais ce n'est plus le même homme ; son maintien, son ton, ses idées, son esprit, tout est changé ; il est devenu aussi respectable qu'il était naïf et étranger à tout. Il sera l'honneur et la consolation de votre famille : que ne puis-je être aussi l'honneur de la mienne ! — Vous n'êtes

point non plus la même, dit le prieur ; que vous est-il donc arrivé qui ait fait en vous un si grand changement ? »

Au milieu de cette conversation, l'Ingénu arrive, tenant par la main son janséniste. La scène alors devint plus neuve et plus intéressante. Elle commença par les tendres embrassements de l'oncle et de la tante. L'abbé de Saint-Yves se mettait presque aux genoux de l'Ingénu, qui n'était plus *l'ingénu*. Les deux amants se parlaient par des regards qui exprimaient tous les sentiments dont ils étaient pénétrés. On voyait éclater la satisfaction, la reconnaissance, sur le front de l'un ; l'embarras était peint dans les yeux tendres et un peu égarés de l'autre. On était étonné qu'elle mêlât de la douleur à tant de joie.

Le vieux Gordon devint en peu de moments cher à toute la famille. Il avait été malheureux avec le jeune prisonnier, et c'était un grand titre. Il devait sa délivrance aux deux amants, cela seul le réconciliait avec l'amour ; l'âpreté de ses anciennes opinions sortait de son cœur : il était changé en homme, ainsi que le Huron. Chacun raconta ses aventures avant le souper. Les deux abbés, la tante, écoutaient comme des enfants qui entendent des histoires de revenants, et comme des hommes qui s'intéressaient tous à tant de désastres.

« Hélas ! dit Gordon, il y a peut-être plus de cinq cents personnes vertueuses qui sont à présent dans les mêmes fers que Mlle de Saint-Yves a

brisés : leurs malheurs sont inconnus. On trouve assez de mains qui frappent sur la foule des malheureux, et rarement une secourable. » Cette réflexion si vraie augmentait sa sensibilité et sa reconnaissance ; tout redoublait le triomphe de la belle Saint-Yves ; on admirait la grandeur et la fermeté de son âme. L'admiration était mêlée de ce respect qu'on sent malgré soi pour une personne qu'on croit avoir du crédit à la cour. Mais l'abbé de Saint-Yves disait quelquefois : « Comment ma sœur a-t-elle pu faire pour obtenir sitôt ce crédit? »

On allait se mettre à table de très bonne heure. Voilà que la bonne amie de Versailles arrive sans rien savoir de tout ce qui s'était passé ; elle était en carrosse à six chevaux, et on voit bien à qui appartenait l'équipage. Elle entre avec l'air imposant d'une personne de cour qui a de grandes affaires, salue très légèrement la compagnie, et tirant la belle Saint-Yves à l'écart : « Pourquoi vous faire tant attendre? Suivez-moi ; voilà vos diamants que vous aviez oubliés. » Elle ne put dire ces paroles si bas que l'Ingénu ne les entendît ; il vit les diamants ; le frère fut interdit ; l'oncle et la tante n'éprouvèrent qu'une surprise de bonnes gens qui n'avaient jamais vu une telle magnificence. Le jeune homme, qui s'était formé par un an de réflexions, en fit malgré lui, et parut troublé un moment. Son amante s'en aperçut ; une pâleur mortelle se répandit sur son beau visage, un frisson la saisit, elle se soutenait à peine. « Ah ! Madame, dit-elle à la fatale amie, vous m'avez

perdue ! vous me donnez la mort ! » Ces paroles percèrent le cœur de l'Ingénu ; mais il avait déjà appris à se posséder ; il ne les releva point, de peur d'inquiéter sa maîtresse devant son frère ; mais il pâlit comme elle.

Saint-Yves, éperdue de l'altération qu'elle apercevait sur le visage de son amant, entraîne cette femme hors de la chambre, dans un petit passage, jette les diamants à terre devant elle. « Ah ! ce ne sont pas eux qui m'ont séduite, vous le savez ; mais celui qui les a donnés ne me reverra jamais. » L'amie les ramassait, et Saint-Yves ajoutait : « Qu'il les reprenne ou qu'il vous les donne, allez, ne me rendez plus honteuse de moi-même. » L'ambassadrice enfin s'en retourna, ne pouvant comprendre les remords dont elle était témoin.

La belle Saint-Yves, oppressée, éprouvant dans son corps une révolution qui la suffoquait, fut obligée de se mettre au lit ; mais pour n'alarmer personne elle ne parla point de ce qu'elle souffrait, et, ne prétextant que sa lassitude, elle demanda la permission de prendre du repos ; mais ce fut après avoir rassuré la compagnie par des paroles consolantes et flatteuses, et jeté sur son amant des regards qui portaient le feu dans son âme.

Le souper, qu'elle n'animait pas, fut triste dans le commencement, mais de cette tristesse intéressante qui fournit des conversations attachantes et utiles, si supérieures à la frivole joie qu'on recherche, et qui n'est d'ordinaire qu'un bruit importun.

Gordon fit en peu de mots l'histoire du jansénisme et du molinisme, dès persécutions dont un parti accablait l'autre, et de l'opiniâtreté de tous les deux. L'Ingénu en fit la critique, et plaignit les hommes qui, non contents de tant de discorde que leurs intérêts allument, se font de nouveaux maux pour des intérêts chimériques et pour des absurdités inintelligibles.

Gordon racontait, l'autre jugeait ; les convives écoutaient avec émotion et s'éclairaient d'une lumière nouvelle. On parla de la longueur de nos infortunes et de la brièveté de la vie. On remarqua que chaque profession a un vice et un danger qui lui sont attachés, et que, depuis le prince jusqu'au dernier des mendiants, tout semble accuser la nature. Comment se trouve-t-il tant d'hommes qui, pour si peu d'argent, se font les persécuteurs, les satellites, les bourreaux des autres hommes ? Avec quelle indifférence inhumaine un homme en place signe la destruction d'une famille, et avec quelle joie plus barbare des mercenaires l'exécutent !

« J'ai vu dans ma jeunesse, dit le bonhomme Gordon, un parent du maréchal de Marillac, qui, étant poursuivi dans sa province pour la cause de cet illustre malheureux, se cachait dans Paris sous un nom supposé. C'était un vieillard de soixante et douze ans. Sa femme, qui l'accompagnait, était à peu près de son âge. Ils avaient eu un fils libertin qui, à l'âge de quatorze ans, s'était enfui de la maison paternelle ; devenu soldat, puis

déserteur, il avait passé par tous les degrés de la débauche et de la misère ; enfin, ayant pris un nom de terre, il était dans les gardes du cardinal de Richelieu (car ce prêtre, ainsi que le Mazarin, avait des gardes) ; il avait obtenu un bâton d'exempt dans cette compagnie de satellites. Cet aventurier fut chargé d'arrêter le vieillard et son épouse, et s'en acquitta avec toute la dureté d'un homme qui voulait plaire à son maître. Comme il les conduisait, il entendit ces deux victimes déplorer la longue suite des malheurs qu'elles avaient éprouvés depuis leur berceau. Le père et la mère comptaient parmi leurs plus grandes infortunes les égarements et la perte de leur fils. Il les reconnut ; il ne les conduisit pas moins en prison, en les assurant que son Éminence devait être servie de préférence à tout. Son Éminence récompensa son zèle.

« J'ai vu un espion du P. de La Chaise trahir son propre frère, dans l'espérance d'un petit bénéfice qu'il n'eut point ; et je l'ai vu mourir, non de remords, mais de douleur d'avoir été trompé par le jésuite.

« L'emploi de confesseur, que j'ai longtemps exercé, m'a fait connaître l'intérieur des familles ; je n'en ai guère vu qui ne fussent plongées dans l'amertume, tandis qu'au dehors, couvertes du masque du bonheur, elles paraissaient nager dans la joie ; et j'ai toujours remarqué que les grands chagrins étaient le fruit de notre cupidité effrénée.

— Pour moi, dit l'Ingénu, je pense qu'une âme noble, reconnaissante et sensible peut vivre heureuse ; et je compte bien jouir d'une félicité sans mélange avec la belle et généreuse Saint-Yves : car je me flatte, ajouta-t-il, en s'adressant à son frère avec le sourire de l'amitié, que vous ne me refuserez pas, comme l'année passée, et que je m'y prendrai d'une manière plus décente. » L'abbé se confondit en excuses du passé et en protestations d'un attachement éternel.

L'oncle Kerkabon dit que ce serait le plus beau jour de sa vie. La bonne tante, en s'extasiant et en pleurant de joie, s'écriait : « Je vous l'avais bien dit que vous ne seriez jamais sous-diacre ; ce sacrement-ci vaut mieux que l'autre ; plût à Dieu que j'en eusse été honorée ! mais je vous servirai de mère. » Alors ce fut à qui renchérirait sur les louanges de la tendre Saint-Yves.

Son amant avait le cœur trop plein de ce qu'elle avait fait pour lui, il l'aimait trop pour que l'aventure des diamants eût fait sur son cœur une impression dominante. Mais ces mots qu'il avait trop entendus, *vous me donnez la mort*, l'effrayaient encore en secret et corrompaient toute sa joie, tandis que les éloges de sa belle maîtresse augmentaient encore son amour. Enfin on n'était plus occupé que d'elle ; on ne parlait que du bonheur que ces deux amants méritaient ; on s'arrangeait pour vivre tous ensemble dans Paris, on faisait des projets de fortune et d'agrandissement, on se livrait à toutes ces espérances que la moindre

lueur de félicité fait naître si aisément. Mais l'In-
génu, dans le fond de son cœur, éprouvait un sen-
timent secret qui repoussait cette illusion. Il reli-
sait ces promesses signées Saint-Pouange, et les
brevets signés Louvois ; on lui dépeignit ces deux
hommes tels qu'ils étaient, ou qu'on les croyait
être. Chacun parla des ministres et du ministère
avec cette liberté de table regardée en France
comme la plus précieuse liberté qu'on puisse goû-
ter sur la terre.

« Si j'étais roi de France, dit l'Ingénu, voici le
ministre de la guerre que je choisirais : je voudrais
un homme de la plus haute naissance, par la rai-
son qu'il donne des ordres à la noblesse. J'exige-
rais qu'il eût été lui-même officier, qu'il eût passé
par tous les grades, qu'il fût au moins lieutenant
général des armées, et digne d'être maréchal de
France : car n'est-il pas nécessaire qu'il ait servi
lui-même pour mieux connaître les détails du ser-
vice ? et les officiers n'obéiront-ils pas avec cent
fois plus d'allégresse à un homme de guerre, qui
aura comme eux signalé son courage, qu'à un
homme de cabinet qui ne peut que deviner tout
au plus les opérations d'une campagne, quelque
esprit qu'il puisse avoir ? Je ne serais pas fâché
que mon ministre fût généreux, quoique mon garde
du trésor royal en fût quelquefois un peu embar-
rassé. J'aimerais qu'il eût un travail facile, et que
même il se distinguât par cette gaieté d'esprit,
partage d'un homme supérieur aux affaires, qui
plaît tant à la nation et qui rend tous les devoirs

moins pénibles. » Il désirait qu'un ministre eût ce caractère, parce qu'il avait toujours remarqué que cette belle humeur est incompatible avec la cruauté.

Mons de Louvois n'aurait peut-être pas été satisfait des souhaits de l'Ingénu : il avait une autre sorte de mérite.

Mais, pendant qu'on était à table, la maladie de cette fille malheureuse prenait un caractère funeste ; son sang s'était allumé, une fièvre dévorante s'était déclarée, elle souffrait, et ne se plaignait point, attentive à ne pas troubler la joie des convives.

Son frère, sachant qu'elle ne dormait pas, alla au chevet de son lit ; il fut surpris de l'état où elle était. Tout le monde accourut ; l'amant se présentait à la suite du frère. Il était sans doute le plus alarmé et le plus attendri de tous ; mais il avait appris à joindre la discrétion à tous les dons heureux que la nature lui avait prodigués, et le sentiment prompt des bienséances commençait à dominer dans lui.

On fit venir aussitôt un médecin du voisinage. C'était un de ceux qui visitent leurs malades en courant, qui confondent la maladie qu'ils viennent de voir avec celles qu'ils voient, qui mettent une pratique aveugle dans une science à laquelle toute la maturité d'un discernement sain et réfléchi ne peut ôter son incertitude et ses dangers. Il redoubla le mal par sa précipitation à prescrire un remède alors à la mode. De la mode jusque dans

la médecine ! Cette manie était trop commune dans Paris.

La triste Saint-Yves contribuait encore plus que son médecin à rendre sa maladie dangereuse. Son âme tuait son corps. La foule des pensées qui l'agitaient portait dans ses veines un poison plus dangereux que celui de la fièvre la plus brûlante.

CHAPITRE XX

ON appela un autre médecin : celui-ci, au lieu d'aider la nature et de la laisser agir dans une jeune personne dans qui tous les organes rappelaient la vie, ne fut occupé que de contrecarrer son confrère. La maladie devint mortelle en deux jours. Le cerveau, qu'on croit le siège de l'entendement, fut attaqué aussi violemment que le cœur, qui est, dit-on, le siège des passions.

Quelle mécanique incompréhensible a soumis les organes au sentiment et à la pensée ? Comment une seule idée douloureuse dérange-t-elle le cours du sang, et comment le sang à son tour porte-t-il ses irrégularités dans l'entendement humain ? Quel est ce fluide inconnu et dont l'existence est certaine, qui, plus prompt, plus actif que la lumière, vole en moins d'un clin d'œil dans tous les canaux de la vie, produit les sensations, la mémoire, la tristesse ou la joie, la raison ou le vertige, rappelle avec horreur ce qu'on voudrait oublier, et fait d'un animal pensant ou un objet d'admiration, ou un sujet de pitié et de larmes ?

C'était là ce que disait le bon Gordon ; et cette réflexion si naturelle, que rarement font les hommes, ne dérobait rien à son attendrissement: car il n'était pas de ces malheureux philosophes qui s'efforcent d'être insensibles. Il était touché

du sort de cette jeune fille, comme un père qui voit mourir lentement son enfant chéri.

L'abbé de Saint-Yves était désespéré, le prieur et sa sœur répandaient des ruisseaux de larmes. Mais qui pourrait peindre l'état de son amant ? Nulle langue n'a des expressions qui répondent à ce comble des douleurs ; les langues sont trop imparfaites.

La tante, presque sans vie, tenait la tête de la mourante dans ses faibles bras, son frère était à genoux au pied du lit. Son amant pressait sa main, qu'il baignait de pleurs, et éclatait en sanglots ; il la nommait sa bienfaitrice, son espérance, sa vie, la moitié de lui-même, sa maîtresse, son épouse. A ce mot d'*épouse*, elle soupira, le regarda avec une tendresse inexprimable, et soudain jeta un cri d'horreur ; puis, dans un de ces intervalles où l'accablement, et l'oppression des sens, et les souffrances suspendues, laissent à l'âme sa liberté et sa force, elle s'écria : « Moi, votre épouse ! ah ! cher amant, ce nom, ce bonheur, ce prix, n'étaient plus faits pour moi ; je meurs, et je le mérite. O dieu de mon cœur ! ô vous que j'ai sacrifié à des démons infernaux, c'en est fait, je suis punie, vivez heureux. » Ces paroles tendres et terribles ne pouvaient être comprises ; mais elles portaient dans tous les cœurs l'effroi et l'attendrissement ; elle eut le courage de s'expliquer. Chaque mot fit frémir d'étonnement, de douleur et de pitié tous les assistants. Tous se réunissaient à détester l'homme puissant qui n'avait réparé une horrible

injustice que par un crime, et qui avait forcé la plus respectable innocence à être sa complice.

« Qui ? vous coupable ! lui dit son amant ; non, vous ne l'êtes pas ; le crime ne peut être que dans le cœur, le vôtre est à la vertu et à moi. »

Il confirmait ce sentiment par des paroles qui semblaient ramener à la vie la belle Saint-Yves. Elle se sentit consolée, et s'étonnait d'être aimée encore. Le vieux Gordon l'aurait condamnée dans le temps qu'il n'était que janséniste ; mais, étant devenu sage, il l'estimait et il pleurait.

Au milieu de tant de larmes et de craintes, pendant que le danger de cette fille si chère remplissait tous les cœurs, que tout était consterné, on annonce un courrier de la cour. Un courrier ! et de qui ? et pourquoi ? C'était de la part du confesseur du roi pour le prieur de la Montagne ; ce ce n'était pas le P. de La Chaise qui écrivait, c'était le frère Vadbled, son valet de chambre, homme très important dans ce temps-là, lui qui mandait aux archevêques les volontés du révérend père, lui qui donnait audience, lui qui promettait des bénéfices, lui qui faisait quelquefois expédier des lettres de cachet. Il écrivait à l'abbé de la Montagne que *Sa Révérence était informée des aventures de son neveu, que sa prison n'était qu'une méprise, que ces petites disgrâces arrivaient fréquemment, qu'il ne fallait pas y faire attention, et qu'enfin il convenait que lui, prieur, vînt lui présenter son neveu le lendemain, qu'il devait amener avec lui le bonhomme Gordon, que lui, frère Vadbled, les introduirait chez Sa Révérence et*

chez Mons de Louvois, lequel leur dirait un mot dans son antichambre.

Il ajoutait que l'histoire de l'Ingénu et son combat contre les Anglais avaient été contés au roi, que sûrement le roi daignerait le remarquer quand il passerait dans la galerie, et peut-être même lui ferait un signe de tête. La lettre finissait par l'espérance dont on le flattait que toutes les dames de la cour s'empresseraient de faire venir son neveu à leurs toilettes, que plusieurs d'entre elles lui diraient : « Bonjour, Monsieur l'Ingénu » ; et qu'assurément il serait question de lui au souper du roi. La lettre était signée : *Votre affectionné Vadbled, frère jésuite.*

Le prieur ayant lu la lettre tout haut, son neveu furieux, et commandant un moment à sa colère, ne dit rien au porteur ; mais, se tournant vers le compagnon de ses infortunes, il lui demanda ce qu'il pensait de ce style. Gordon lui répondit : « C'est donc ainsi qu'on traite les hommes comme des singes ! On les bat et on les fait danser. » L'Ingénu, reprenant son caractère, qui revient toujours dans les grands mouvements de l'âme, déchira la lettre par morceaux et les jeta au nez du courrier : « Voilà ma réponse. » Son oncle, épouvanté, crut voir le tonnerre et vingt lettres de cachet tomber sur lui. Il alla vite écrire et excuser, comme il put, ce qu'il prenait pour l'emportement d'un jeune homme, et qui était la saillie d'une grande âme.

Mais des soins plus douloureux s'emparaient de

tous les cœurs. La belle et infortunée Saint-Yves sentait déjà sa fin approcher; elle était dans le calme, mais dans ce calme affreux de la nature affaissée qui n'a plus la force de combattre. « O mon cher amant ! dit-elle d'une voix tombante, la mort me punit de ma faiblesse ; mais j'expire avec la consolation de vous savoir libre. Je vous ai adoré en vous trahissant, et je vous adore en vous disant un éternel adieu. »

Elle ne se parait pas d'une vaine fermeté ; elle ne concevait pas cette misérable gloire de faire dire à quelques voisins : « Elle est morte avec courage. » Qui peut perdre à vingt ans son amant, sa vie, et ce qu'on appelle l'*honneur*, sans regrets et sans déchirements ? Elle sentait toute l'horreur de son état, et le faisait sentir par ces mots et par ces regards mourants qui parlent avec tant d'empire. Enfin elle pleurait comme les autres dans les moments où elle eut la force de pleurer.

Que d'autres cherchent à louer les morts fastueuses de ceux qui entrent dans la destruction avec insensibilité : c'est le sort de tous les animaux. Nous ne mourons comme eux que quand l'âge ou la maladie nous rend semblables à eux par la stupidité de nos organes. Quiconque fait une grande perte a de grands regrets ; s'il les étouffe, c'est qu'il porte la vanité jusque dans les bras de la mort.

Lorsque le moment fatal fut arrivé, tous les assistants jetèrent des larmes et des cris. L'Ingénu perdit l'usage de ses sens. Les âmes fortes ont des

sentiments bien plus violents que les autres quand elles sont tendres. Le bon Gordon le connaissait assez pour craindre qu'étant revenu à lui il ne se donnât la mort. On écarta toutes les armes ; le malheureux jeune homme s'en aperçut ; il dit à ses parents et à Gordon, sans pleurer, sans gémir, sans s'émouvoir : « Pensez-vous donc qu'il y ait quelqu'un sur la terre qui ait le droit et le pouvoir de m'empêcher de finir ma vie ? » Gordon se garda bien de lui étaler ces lieux communs fastidieux par lesquels on essaye de prouver qu'il n'est pas permis d'user de sa liberté pour cesser d'être quand on est horriblement mal, qu'il ne faut pas sortir de sa maison quand on ne peut plus y demeurer, que l'homme est sur la terre comme un soldat à son poste : comme s'il importait à l'Être des êtres que l'assemblage de quelques parties de matière fût dans un lieu ou dans un autre ; raisons impuissantes qu'un désespoir ferme et réfléchi dédaigne d'écouter, et auxquelles Caton ne répondit que par un coup de poignard.

Le morne et terrible silence de l'Ingénu, ses yeux sombres, ses lèvres tremblantes, les frémissements de son corps, portaient dans l'âme de tous ceux qui le regardaient ce mélange de compassion et d'effroi qui enchaîne toutes les puissances de l'âme, qui exclut tout discours, et qui ne se manifeste que par des mots entrecoupés. L'hôtesse et sa famille étaient accourues ; on tremblait de son désespoir, on le gardait à vue, on observait tous ses mouvements. Déjà le corps

glacé de la belle Saint-Yves avait été porté dans une salle basse, loin des yeux de son amant, qui semblait la chercher encore, quoiqu'il ne fût plus en état de rien voir.

Au milieu de ce spectacle de la mort, tandis que le corps est exposé à la porte de la maison, que deux prêtres à côté d'un bénitier récitent des prières d'un air distrait, que des passants jettent quelques gouttes d'eau bénite sur la bière par oisiveté, que d'autres poursuivent leur chemin avec indifférence, que les parents pleurent, et que les amants croient ne pas survivre à leur perte, le Saint-Pouange arrive avec l'amie de Versailles.

Son goût passager, n'ayant été satisfait qu'une fois, était devenu de l'amour. Le refus de ses bienfaits l'avait piqué. Le P. de La Chaise n'aurait jamais pensé à venir dans cette maison ; mais Saint-Pouange, ayant tous les jours devant les yeux l'image de la belle Saint-Yves, brûlant d'assouvir une passion qui par une seule jouissance avait enfoncé dans son cœur l'aiguillon des désirs, ne balança pas à venir lui-même chercher celle qu'il n'aurait pas peut-être voulu revoir trois fois si elle était venue d'elle-même.

Il descend de carrosse ; le premier objet qui se présente à lui est une bière ; il détourne les yeux avec ce simple dégoût d'un homme nourri dans les plaisirs, qui pense qu'on doit lui épargner tout spectacle qui pourrait le ramener à la contemplation de la misère humaine. Il veut monter. La

femme de Versailles demande par curiosité qui
on va enterrer ; on prononce le nom de M^{lle} de
Saint-Yves. A ce nom, elle pâlit et poussa un cri
affreux ; Saint-Pouange se retourne ; la surprise
et la douleur remplissent son âme. Le bon Gordon
était là, les yeux remplis de larmes. Il interrompt
ses tristes prières pour apprendre à l'homme de
cour toute cette horrible catastrophe. Il lui parle
avec cet empire que donnent la douleur et la vertu.
Saint-Pouange n'était point né méchant ; le torrent
des affaires et des amusements avait emporté son
âme, qui ne se connaissait pas encore. Il ne tou-
chait point à la vieillesse, qui endurcit d'ordi-
naire le cœur des ministres ; il écoutait Gordon
les yeux baissés, et il en essuyait quelques pleurs
qu'il était étonné de répandre : il connut le
repentir.

« Je veux voir absolument, dit-il, cet homme
extraordinaire dont vous m'avez parlé ; il m'atten-
drit presque autant que cette innocente victime
dont j'ai causé la mort. » Gordon le suit jusqu'à
la chambre où le prieur, la Kerkabon, l'abbé de
Saint-Yves et quelques voisins rappelaient à la
vie le jeune homme retombé en défaillance.

« J'ai fait votre malheur, lui dit le sous-ministre ;
j'emploierai ma vie à le réparer. » La première
idée qui vint à l'Ingénu fut de le tuer et de se tuer
lui-même après. Rien n'était plus à sa place ; mais
il était sans armes et veillé de près. Saint-Pouange
ne se rebuta point des refus accompagnés du
reproche, du mépris et de l'horreur qu'il avait

mérités, et qu'on lui prodigua. Le temps adoucit tout. Mons de Louvois vint enfin à bout de faire un excellent officier de l'Ingénu, qui a paru sous un autre nom à Paris et dans les armées, avec l'approbation de tous les honnêtes gens, et qui a été à la fois un guerrier et un philosophe intrépide.

Il ne parlait jamais de cette aventure sans gémir ; et cependant sa consolation était d'en parler. Il chérit la mémoire de la tendre Saint-Yves jusqu'au dernier moment de sa vie. L'abbé de Saint-Yves et le prieur eurent chacun un bon bénéfice ; la bonne Kerkabon aima mieux voir son neveu dans les honneurs militaires que dans le sous-diaconat. La dévote de Versailles garda les boucles de diamants, et reçut encore un beau présent. Le P. Tout-à-tous eut des boîtes de chocolat, de café, de sucre candi, de citrons confits, avec les *Méditations du révérend père Croiset* et *la Fleur des Saints*, reliées en maroquin. Le bon Gordon vécut avec l'Ingénu jusqu'à sa mort dans la plus intime amitié ; il eut un bénéfice aussi, et oublia pour jamais la grâce efficace et le concours concomitant. Il prit pour sa devise : *Malheur est bon à quelque chose*. Combien d'honnêtes gens dans le monde ont pu dire : *Malheur n'est bon à rien !*

TABLE

TABLE